Allegria

Über die Autorin

Tianying lebt seit 2000 in Deutschland und leitet das Tian Gong-Institut in Berlin. 1994 gab sie nach außergewöhnlichen Erfahrungen ihre Tätigkeit als staatliche Rechnungsprüferin in China auf, um ihr Leben ganz der spirituellen Energiearbeit zu widmen.

Im Zentrum ihrer Arbeit liegt der Wunsch, die göttliche Liebe zu verbreiten und den Menschen zu helfen, mit dieser Liebe in Kontakt zu kommen. Konkrete und sehr wirkungsvolle Energiemethoden sind das Ergebnis dieser begnadeten Arbeit.

So hat sie bereits vielen Menschen geholfen, ihre Lebensqualität zu verbessern, Freude und inneren Frieden zu finden. Immer wieder aufs Neue ist Tianying bemüht, die so wichtige Entwicklung von Selbstliebe und Nächstenliebe voranzutreiben, damit jeder seinen Sinn im Leben finden kann.

Zu ihren besonderen Begabungen gehören die Fähigkeit, Bi Gu Fu Qi (kosmische Nahrung) zu übertragen und andere seelische Beschwerden zu regulieren.

Yang Tianying

In die Welt der Seele schauen

Karmische Krankheiten heilen mit Tian Gong

Ullstein

Besuchen Sie uns im Internet:
www.ullstein-taschenbuch.de

Allegria im Ullstein Taschenbuch
Herausgegeben von Michael Görden

MIX
Papier aus verantwortungsvollen Quellen
FSC® C014496

Ullstein Taschenbuch ist ein Verlag der Ullstein Buchverlage GmbH
Originalausgabe im Ullstein Taschenbuch
1. Auflage Mai 2012

Umschlaggestaltung: FranklDesign, München
Titelabbildung: Tian Gong Institut/Uwe Lorenz d17
Satz: Keller & Keller GbR
Gesetzt aus der Georgia
Papier: Pamo Super von Arctic Paper Mochenwangen GmbH
Druck und Bindearbeiten: GGP Media GmbH, Pößneck
Printed in Germany
ISBN 978-3-548-74553-4

Widmung

Für alle Seelen im Nebel,
die hoffen,
dass sich in ihrem Herzen
ein Licht entzündet.

HINWEIS: Dieses Buch ist nach bestem Wissen und Gewissen verfasst. Wenn der Verdacht auf eine Gesundheitsstörung besteht, ersetzen die Informationen dieses Buches jedoch nicht die medizinische und ärztliche Betreuung zur Diagnose und Therapie einer solchen Störung.

INHALT

EINLEITUNG

Aus dem Brunnen herausspringen

In China kennen fast alle Menschen folgende Geschichte:

Ein Frosch saß in seinem Brunnen und fühlte sich sehr wohl. Da kam ein Junge und schaute in den Brunnen hinab und entdeckte den Frosch. Er sprach: »Soll ich dich herausholen, damit du die schöne Welt außerhalb deines Brunnens kennen lernen kannst?« Der Frosch war irritiert, denn er verstand nicht, von welcher Welt der Junge sprach, kannte er doch nur seinen Brunnen. So antwortete er: »Ich bin doch schon in der Welt, wo soll ich denn noch hin? Hier kenne ich jeden Winkel.« Der Junge versuchte ihn zu überzeugen, dass es auch außerhalb des Brunnens etwas gab und etwas sehr Schönes dazu. Er beschrieb ihm in leuchtenden Farben die Wiesen, Bäche und Wälder. Doch der Frosch beharrte auf seiner Ansicht und wollte von einer anderen Welt nichts wissen. Er war so viele Jahre in seinem Brunnen gewesen, dass er nicht an die Existenz von etwas anderem glaubte. Schließlich verlor der Junge die Geduld, griff mit einer ausholenden Handbewegung in den Brunnen und warf den Frosch im hohen Bogen hinaus.

Ich hätte mir früher – ähnlich wie der Frosch – überhaupt nicht vorstellen können, wie mein Leben einmal verlaufen würde, ja dass ich gar als Qi Gong-Meisterin in viele Länder reisen würde, um den Menschen zu helfen. Doch während der Kinderzeit kann sich eine Seele noch leichter äußern, und wenn ich zurückdenke, fallen mir ein paar

Episoden aus meiner Kindheit ein, die damals bereits auf meine Berufung hinwiesen.

Ich wuchs in Whenzhou im Süden Chinas auf, und als kleines Kind hatte ich bereits den Traum, die Welt besser zu machen. Außerdem erinnere ich mich heute an zwei besondere Wahrnehmungen aus meiner Kindheit. Zum einen hatte ich eine unbändige Sehnsucht nach oben, zum Himmel. Ich sah immer sehr gerne zum Himmel hinauf, denn ich spürte, dass die Erde nicht meine eigentliche Heimat ist und dass es ein langer Weg sein würde, meine wahre Heimat wiederzufinden. Ich fühlte dann oft eine große Sehnsucht und Traurigkeit.

Zum anderen nahm ich damals wahr, dass ich nicht alleine war. Ich fühlte, dass ich beschützt wurde. Ich hatte zwar noch nicht den Mut, jemandem von diesen Wahrnehmungen zu erzählen, aber ich hatte immerhin dieses Gefühl.

Später ist mir durch die Qi Gong-Übungen bewusst geworden, dass Hochmeister mich ständig begleiten und beschützen.

Ein weiteres Phänomen, das bereits in der Kindheit zu meinen Erfahrungen gehörte, waren Erinnerungen an ein früheres Leben.

Trotz dieser frühen Wahrnehmungen und spirituellen Erkenntnisse bin ich nicht, wie man vielleicht denken würde, freiwillig aus meinem Brunnen gesprungen, sondern wurde durch eine schwere Krankheit, die mich am Ende meiner Schulzeit plötzlich überkam, unsanft herausgeworfen. Vorher war ich immer sehr stark und gesund gewesen. Nach dem Schulabschluss verbesserten sich zwar meine Blutwerte wieder, aber mein Körper blieb schwach und fand keine Heilung. Ich lernte einen Beruf und lebte irgendwie weiter, bis vier Jahre später noch eine andere Art von Leberkrankheit hinzukam. Im Krankenhaus wurde ich sowohl nach der Traditionellen Chinesischen Medizin, als auch nach der Schulmedizin behandelt. Die Ärzte wandten ihr gesamtes Wissen an, doch nichts half. Mein Körper wurde immer schwächer, und gleichzeitig spürte ich immer mehr, dass ich selbst etwas für mich tun musste. Schließlich begann ich Qi Gong zu erlernen.

Die folgenden Jahre lernte ich bei drei verschiedenen Qi Gong-Schulen und -Meistern. Mein Zustand verbesserte sich allmählich. Jeden Tag ging ich mehrmals hoch auf einen kleinen Berg und machte meine Übungen. Es war anstrengend, aber ich spürte, dass ich kräftiger wurde. Die vollständige Heilung trat jedoch noch immer nicht ein.

Zu dieser Zeit fing ich an, alte Bücher über den Taoismus zu lesen. Dort begegnete mir dann das erste Mal die taoistische Methode der kosmischen Energienahrung – Bi Gu. Das Thema faszinierte mich. Ich las alles darüber, was ich finden konnte und spürte innerlich, dass Bi Gu mich heilen konnte. Doch gleichzeitig musste ich einsehen, dass ich es mit den alten Methoden niemals schaffen würde, in den Bi Gu-Zustand zu kommen. Die Übungen zum Erreichen und Erhalten von Bi Gu müssen sehr lange trainiert werden, und es kann teilweise 30 bis 40 Jahre dauern, bis man diesen Zustand erreicht hat. Ich war deprimiert, da hatte ich nun endlich die Lösung gefunden, doch zu dem damaligen Zeitpunkt glaubte ich nicht daran, dass ich überhaupt 30 Jahre alt werden würde. Für 30 Jahre Training blieb mir daher überhaupt keine Zeit.

Im Jahr 1993 kam der Qi Letian Shi Fu nach Wenzhou, wo er eine große Energieübertragung für 2000 bis 3000

Menschen gab. Etwas zog mich geradezu magisch dahin. Und als ich dort war, erfuhr ich auch warum. Am Abend des 7. März machte Letian Shi Fu eine ganz spezielle Energieübertragung – er übertrug die Bi Gu-Information auf die Teilnehmer. Zwei ganze Tage hatte ich weder Hunger und Durst – noch musste ich essen oder trinken. Ich war dankbar und fasziniert zugleich. Neugierig besuchte ich danach meinen ersten Tian Gong-Kurs. Meine Schwester Tianping besuchte ebenfalls diesen Kurs. Dort öffnete sich ihr Drittes Auge. In kurzer Zeit passierten dann mehrere unerklärliche Phänomene. Ich erlebte Seelenreisen und besondere Begegnungen mit anderen Dimensionen.

Wenige Monate nach Beginn meiner Übungspraxis mit Tian Gong war meine schwere Leberkrankheit, an der ich über 10 Jahre lang gelitten hatte, ausgeheilt. Gleichzeitig stellte sich auch eine dauerhafte Bi Gu-Fähigkeit ein. Seitdem lebe ich im Bi Gu-Zustand und benötige weniger irdische Nahrung. Stattdessen beziehe ich meine Energie direkt aus dem Universum. Mein Körper regenerierte sich innerhalb kürzester Zeit, ich hatte plötzlich vielmehr Energie und spürte so viel Liebe in meinem Herzen, dass ich das Bedürfnis hatte, Tian Gong zu verbreiten. So begann ich meine Arbeit als Tian Gong-Lehrerin und bald darauf auch als Meisterin.

Als Kind spürte ich bereits den Seelenwunsch, anderen zu helfen, und tatsächlich habe ich einen guten Weg gefunden, meine innere Berufung zu leben.

Ich bin sehr dankbar für meine Krankheit. Sie forderte mich auf, mein Leben und meine Ziele genau zu überprüfen, und sorgte dafür, dass ich meinen inneren Weg finden konnte. Ohne die Erkrankung hätte ich keine Qi Gong-Meisterin werden können. Erst dadurch habe ich mich mit Fragen wie: »Was ist Leben?«, »Was bedeutet Leben?« und »Wer bin ich?« beschäftigt und konnte meine erlernten Anschauungen erweitern. Ich las viele taoistische und buddhistische Texte und Bücher und erlangte zusätzliches Wissen durch die Fähigkeiten, die sich mir erschlossen hatten. So entdeckte ich Schritt für Schritt eine ganz neue Welt und kam so zu einem tieferen Verständnis für die Phänomene des Lebens.

Erste Begegnung mit den Fremdseelen

Bald nachdem sich meine übersinnlichen Wahrnehmungen durch die Tian Gong-Übungen, insbesondere Bi Gu, entwickelten, begegnete mir das Thema der Fremdseelenstörungen – und zwar zunächst bei mir selbst. Ich nahm sehr deutlich wahr, dass mich irgendjemand immer begleitete. Damals hatte ich noch niemanden, mit dem ich darüber reden konnte und es war mir sehr unheimlich. Ich wusste noch nichts über energetische Störungen und hatte keine Ahnung, wie viele Seelen Verstorbener noch auf der Erde sind, weil sie den Weg in die andere Welt nicht finden wollten oder konnten.

Mit der Zeit entwickelte sich mein Verständnis für diese Phänomene, und gemeinsam mit Letian Shi Fu untersuchte ich meine Wahrnehmungen. Wir entdeckten die Seele meines Onkels, der in jungen Jahren sehr tragisch ums Leben gekommen war. Er kam zu mir, weil er Hilfe suchte. Wir konnten die Seele regulieren, sodass sie ins Licht ging.

Letian Shi Fu konnte Fremdseelen regulieren und auf diese Weise gleichzeitig den Menschen und den Seelen der

Verstorbenen helfen, aber es war keine offizielle Arbeit, da dies in China nicht erlaubt war. Meine Schwester Tianping und ich haben dann angefangen mitzuhelfen, als wir durch unsere Fähigkeiten dazu in der Lage waren. Grundsätzlich nehme ich die Fremdseelen auf unterschiedliche Weise wahr. In den Einzelsitzungen kommunizierte ich mittels meiner übersinnlichen Fähigkeiten mit ihnen, um herauszubekommen, wer sie waren und was sie wollten. Diese Kommunikation ist sehr wichtig.

Vom Einzelfall zur Gruppenregulierung

2000 kam ich als Leiterin des neu gegründeten Tian Gong-Instituts nach Berlin. Hier haben meine Schwester Tianping und ich den Freiraum gefunden, diese Phänomene tiefer zu erforschen. Viele Einzelsitzungen halfen uns, die Symptome besser zu verstehen und die Ursachen dahinter zu erforschen. Durch unsere Arbeit wurde uns auch bewusst, wie häufig dieses Phänomen auftritt.

Mit der Zeit suchten uns immer mehr Menschen auf, und da es nur wenige Menschen für diese Arbeit gibt, wurde die Anfrage schließlich so groß, dass wir nicht mehr alle einzeln regulieren konnten. Außerdem erforderte die Regulierungsarbeit von uns sehr viel Energie, weil es insgesamt sehr anstrengend ist, und manchmal kann der Qi Gong-Meister bei der Arbeit auch selbst Schaden erleiden – vor allem bei Patienten mit schweren Krankheiten oder mit aggressiven seelischen Fremdinformationen. Dies war in der Anfangszeit unserer Regulierungen auch der Fall, bevor uns das Geschenk der himmlischen Schutzhülle übermittelt wurde. Auf die Schutzhülle und ihren unschätzbaren

Wert komme ich in Abschnitt »Eine persönliche Schutzhülle« (siehe Seite 193), zurück.

Bei den Einzelregulierungen, die wir am Anfang durchführten, war ein zusätzliches Hindernis, dass die Betroffenen, die auf Empfehlung zu uns kamen, nur wenig über die Seele wussten und keine Erfahrung hatten, wie sie mit uns Qi Gong-Meistern zusammenarbeiten könnten. Andere haben sich von den Einzelsitzungen abhängig gemacht, weil sie nach der Regulierung ohne Veränderung in ihrem Leben weitergemacht haben. Wer sich nicht verändern und entwickeln will, zieht leicht neue Fremdinformationen an, da die Fremdseelen mit unseren negativen Denkweisen in Resonanz gehen.

Im April 2002 fand dank der tatkräftigen Unterstützung der Ärztin Frau Li, die sehr engagiert die TCM-Kultur in Deutschland verbreiten hilft, zum ersten Mal eine öffentliche Gruppenregulierung von Fremdseelen bei Tian Gong statt. Da die Anmeldungen so zahlreich waren, wurde diese Veranstaltung kurzfristig wiederholt.

Dank der Liebe der Gottheiten und der gemeinsamen Bemühungen der Tian Gong-Freunde war diese erste Vorführung und Regulierung sehr erfolgreich. Wir bekamen begeisterte Rückmeldungen. Die Teilnehmerinnen und Teilnehmer berichteten von überraschenden Wirkungen, wie zum Beispiel eine junge Frau aus Westdeutschland: Sie litt seit einigen Jahren an Depressionen und hatte bereits sieben Suizidversuche unternommen. Außerdem war ihre Familie von Erbkrankheiten belastet. Nach der Energieregulierung verschwanden ihre Depressionen. Die junge Frau fand wenig später eine Arbeit und führt seitdem ein ganz normales Leben.

Dank unserer Praxis haben wir die Technik mit der Zeit immer weiter verbessern können und herausgefunden, worauf wir bei dieser Arbeit achten müssen. Wir wurden zudem schnell stärker und waren bald in der Lage, die Seminare auch allein durchzuführen. Auf diese Weise entstand so eine völlig neue Methode, mit der wir den an Informationskrankheiten leidenden Menschen helfen konnten.

Dies ist ein Geschenk des Universums, das wie ein Samen in unsere Herzen gelegt wurde. Ohne die Hilfe und den Schutz der himmlischen Hochwesen könnten wir diese Regulierungen nicht ausführen. Als Voraussetzung für diese Kraft hat Guanyin Buddha uns von Anfang an die Anweisung geben, alle Einnahmen aus diesen Seminaren für den Schutz der Erde und für wohltätige Zwecke zu spenden. Obwohl sich das Tian Gong-Institut damals noch in der Aufbauphase befand und große finanzielle Probleme hatte, sind wir unserem Vorsatz konsequent treu geblieben. So können wir nicht nur den Teilnehmern helfen, sondern leisten gleichzeitig mit den Erlösen einen Beitrag für eine positive Veränderung in der Welt.

Wir selbst sind die Diener der Gottheiten und aller Lebewesen und werden für alle Zeit mit Demut, Dankbarkeit und großer Liebe unsere Arbeit tun. Es gibt viele Erfolge und gelegentlich auch Wunder.

Unsere gesammelten Forschungsergebnisse habe ich in diesem Buch zusammengefasst und lasse es jetzt los mit dem Wunsch, dass es möglichst viele Menschen erreichen werde. Das Buch möchte nicht nur über Fremdseelen aufklären, sondern trägt gleichzeitig noch meinen tiefen Wunsch in sich, möglichst viele Menschen zu veranlassen, aus ihrem eigenen Brunnen herauszuspringen. Ich wünsche mir, dass immer mehr Menschen zu ihrem wahren inneren Selbst finden und erkennen, dass sie tatsächlich lichtvolle, spirituelle Wesen sind. Wenn wir uns schon zu Lebzeiten tief gehend mit den Prozessen des Lebens auseinandersetzen und uns der Energie von Liebe und Vergebung hingeben, wird die Gefahr gering sein, dass wir nach dem Sterben des Körpers selbst als wandelnde Seelen auf der Erde verbleiben.

FORSCHUNGEN ÜBER DIE SEELE

Die Hintergründe des Lebens sind rätselhaft. Seit Tausenden von Jahren regen sie die Menschen aller Kulturen an, unermüdlich Körper und Seele zu erforschen. In den westlichen Kulturen wird die wissenschaftliche Erforschung des Lebens sogar als eine der wichtigsten kulturellen Errungenschaften betrachtet. Durch die vielen naturwissenschaftlichen Entdeckungen der letzten Jahrhunderte kam es dabei zu einem gewaltigen Fokussieren auf die materielle Seite unseres Lebens.

In unseren Forschungen sind wir jedoch immer wieder auf die Erkenntnis gestoßen, dass es doch häufig die Seele ist, die in den unzähligen Fällen von Krankheit, Unfällen, familiärem Unglück oder beruflichem Misserfolg die entscheidende Rolle spielt. Dabei gibt es neben den Belastungen, die unsere eigene Seele mit sich bringt, auch die Störungen, die durch fremde Seelen verstorbener Lebewesen hervorgerufen werden.

In unserer jahrelangen Arbeit hat sich gezeigt, dass das Vorkommen dieser Fremdbesetzungen ein sehr verbreitetes Phänomen ist und es sich nicht nur um ein Problem weniger Menschen, Familien oder einer einzelnen Nation handelt. Vielmehr hat es die Ausmaße einer globalen Volkskrankheit.

Die Seele ist unser wahres Leben

In unserer dreidimensionalen Welt, in der Menschen, Tiere und Pflanzen sich während ihrer Lebenszeit aufhalten, ist der physische Körper sichtbar und die Seele unsichtbar. Chinesen machen dies mit den Begriffen Yin und Yang deutlich. Yin ist unsichtbar, Yang ist sichtbar. Unser physischer Körper ist ein Yang-Körper, während die Seele als Yin-Körper bezeichnet wird. Wie unser physischer Körper hat auch unser seelischer Körper Energie. Nach dem Tod geht das Leben von einer sichtbaren in eine unsichtbare Gestalt über. Das bedeutet, dass sich das Yang-Leben, welches sich im dreidimensionalen Raum abgespielt hat, in ein Yin-Leben wandelt. Die Seele existiert somit weiter als energetisch, aber ohne physischen Körper. Sie bleibt in der dritten Dimension oder geht weiter in eine andere. Um Zugang zu einer höheren Dimension zu finden, muss die Seele jedoch sehr edel und rein sein und ein starkes Energiefeld besitzen. Die Energie der Seele hängt mit dem Charakter und der Tugendhaftigkeit eines Menschen zusammen. Je mehr Wohltaten ein Mensch während seiner Erdenleben begangen hat, je rechtschaffener und hilfsbereiter er gewesen ist, desto stärker ist die Energie seiner Seele. Wenn eine Seele allerdings ein Übermaß an negativer Energie angesammelt hat, kann das Energieniveau stark herabgesetzt sein.

Der Großteil der Seelen wird als Mensch, Tier oder Pflanze in unserer Welt wiedergeboren. Dies sind die Vorgänge, die wir gewöhnlich unter Reinkarnation oder Wiedergeburt verstehen. Vor einer Wiedergeburt ist der Code des künftigen Lebens bereits im seelischen Körper gespeichert. Dieser setzt sich aus Informationen der vorhergegangenen Inkarnationen zusammen. Das Universum, die Erde und der menschliche Körper sind große Informationsfelder. Sie alle senden und empfangen Informationen, tauschen sie aus und speichern sie zu jeder Zeit. Keine Information geht jemals verloren.

Informationskrankheiten – Krankheiten des Karmas

Im Laufe unserer vielen Leben haben sich unzählige unterschiedliche Informationen in unserem Energiekörper – unserer Seele – abgespeichert. Die Seele kann dabei wie ein Baum betrachtet werden. Bäume legen Jahr um Jahr an Umfang zu. Je nach Bedingungen ist dieses Wachstum größer oder kleiner oder weist Anomalien auf. So entstehen die bekannten Jahresringe. Anhand derer können Forscher genau ablesen, ob es fette oder magere Jahre waren, ob es eine Dürre, Eiszeit oder einen Vulkanausbruch gab. Die Natur führt in diesen Baumringen genau Buch. Auch die Seele bekommt mit jedem Leben eine neue Schicht, in denen unsere positiven und negativen Informationen wie in einer Datenbank gespeichert werden. Wenn als negativ gespeicherte Informationen der Seele in unserem jetzigen Leben aktiv werden, entstehen Leidenszustände, die wir Informationskrankheiten nennen.

Unsere negativen seelischen Erinnerungen sind die Ursache für unser jetziges oder zukünftiges Leiden.

Mit großer Wahrscheinlichkeit haben wir in unseren früheren Leben anderen Menschen geschadet oder Schulden irgendeiner Art (auch im übertragenen Sinne) nicht beglichen. Vielleicht sind wir auch von anderen verletzt worden, haben Kriege, Naturkatastrophen oder Unfälle erlebt, haben in der Kindheit Unglück erfahren, Ängste durch die Trennung der Eltern durchleben müssen, sind misshandelt worden und anderes mehr. Wenn auch all dies nicht mehr im Gedächtnis präsent ist, so bleibt es doch weiterhin in der »Informationsdatenbank« der Seele abgespeichert. Wenn diese negativen Erfahrungen nicht bearbeitet und die Schulden nicht beseitigt werden, verwandeln sich die negativen Erinnerungen mit der Zeit in graues oder schwarzes Qi, in Gift und negative Energie für die Seele. Wenn sich in der Seele negative Energie bzw. Gift anstaut, werden im menschlichen Körper zuerst die Meridiane angegriffen, die als Verbindungskanäle zwischen Körper und Seele dienen. Wenn die Meridiane blockiert sind, können sich physische Krankheiten entwickeln. Die Traditionelle Chinesische Medizin bezeichnet dies mit dem Ausdruck »Stau führt zu Schmerz«. Negative Erlebnisse aus den Vorleben und aus diesem Leben können nicht nur die gegenwärtige Inkarnation belasten, sondern auch künftige Inkarnationen beeinträchtigen.

Welche Auswirkungen das Vorleben auf das jetzige Leben haben kann, zeigt sich am Beispiel eines deutschen Teilnehmers, der seit seiner Kindheit ein seltsames Verhalten zeigte:

Immer wenn er eine Spritze sah, wurde er sehr wütend. Er geriet dermaßen in Rage, dass er nicht mehr zu beruhigen war. Sein ganzer Körper verkrampfte sich, sein Atem wurde immer kürzer, sodass er sogar in Lebensgefahr geraten konnte. Er wusste selbst nicht, warum er derartige Reaktionen zeigte. Bei einem Qi Gong-Seminar in Deutschland hatte Meisterin Tianping mit ihrem Himmlischen Auge gesehen, dass er in einem Vorleben Jude war und im Kon-

zentrationslager Experimente an seinem Körper erdulden musste. Die verzweifelte Wut und äußerste Panik aus jenem Vorleben sind als Erinnerung in seiner Seele gespeichert, weswegen er noch heute jedes Mal außer sich gerät, wenn er nur eine Spritze sieht.

Die Informationen von erlittenen Verletzungen werden ebenso in unserer Seele aufgezeichnet wie die Informationen von Verletzungen, die wir anderen zugefügt haben. Die Auswirkungen zeigen sich nicht immer unmittelbar, sondern genau dann, wenn sich die karmischen Wege der Betreffenden an einem bestimmten Ort und zu einem bestimmten Zeitpunkt wieder kreuzen.

Wenn wir nur ein einziges Leben betrachten, können wir die Phänomene des Lebens kaum verstehen. Viele unserer Probleme werden erst im Kontext unserer vielen gelebten Leben verständlich und sinnvoll. Die Lehre von der Reinkarnation ist in Asien seit langem tief verwurzelt. Im Westen jedoch ist dies anders. Eine der größten Schwierigkeiten unserer Arbeit in Europa besteht darin, den Menschen die Lehre der Wiedergeburt nahezubringen. Obwohl in einer Befragung, die der Spiegel[1] im März 2007 durchführen ließ, 52% der Deutschen angaben, an eine Unsterblichkeit der Seele zu glauben, ist der Glaube an Reinkarnation nur bei 18%[2] der Deutschen verbreitet. Ein Grund dafür scheint zu sein, dass in der heutigen christlichen Lehre Wiedergeburt und Karma gar nicht mehr enthalten sind.

Hinweise auf Wiedergeburt in anderen Kulturen

Der Glaube an die Wiedergeburt findet sich nicht nur, wie oft fälschlicherweise angenommen, in einigen Kulturen Asiens, sondern tatsächlich beim größeren Teil der Menschheit. Die Lehre um ein Weiterleben der Seele nach dem Tod des physischen Körpers war in vielen alten Kulturen präsent, so auch in früheren Jahrhunderten im Abendland: bei den Kelten Mittel- und Westeuropas ebenso wie bei den Wikingern Islands und Skandinaviens. Der Anthropologe Evans-Wentz entdeckte noch zu Beginn des 20. Jahrhunderts Hinweise auf ein Weiterbestehen des Reinkarnationsglaubens unter den keltischen Einwohnern Schottlands, Wales' und Irlands[3]. Die weite Verbreitung des Glaubens an die Wiedergeburt auf der Erde ließ Schopenhauer bemerken: »Wenn ein Asiate mich nach einer Definition für Europa fragen würde, müsste ich ihm antworten: Es ist der Teil der Welt, der vollständig von der unerhörten und unglaublichen Täuschung beherrscht wird, dass eines Menschen Geburt sein Anfang sei und dass er aus nichts geschaffen wurde.«

In der antiken Philosophie des Abendlandes hat der Reinkarnationsglaube eine lange Tradition. Platon erwähnt in seinen Schriften die Wiedergeburt. Es sei »durchaus zutreffend: dass unsere Seele dauerhaft, der Leib jedoch empfindlicher und von geringerer Dauer« ist. Jede Seele verbrauche »viele Leiber, besonders, wenn sie viele Jahre lebe …«[4] Über die Voraussetzungen für die Wiedergeburt sagt Platon Folgendes: Wenn die Seele »im Augenblick der Trennung von dem Leib besudelt ist und nicht geläutert« ist, wird sie nicht von dannen ziehen können. Sie spukt »um Grabdenkmale und Bestattungsorte ... Und in der Tat hat man sogar in deren Nähe Seelendunstgebilde wahrgenommen ...«[5] Auch die griechischen Philosophen Pythagoras, Empedokles und Sokrates verbreiteten die Reinkarnationslehre. Es gibt weitere historische Fragmente, die den Wiedergeburtsglauben auch in Europa bezeugen.[6] So sollten durch die Mittwinterfeste bei Nordeuropäern und Deutschen die Seelen dazu bewogen werden, sich neue Körper zur Wiedergeburt zu suchen, um die Fruchtbarkeit der Familie zu gewährleisten. Römische Schriftsteller berichteten mit Erstaunen über Selbstverbrennungen der Iberer und Gallier – mit strahlenden Gesichtern im Bewusstsein der Wiederkehr. Auch Johann Wolfgang von Goethe war von der Reinkarnation überzeugt: »Gewiss bin ich so wie jetzt schon tausendmal zuvor hier gewesen, und ich hoffe noch tausendmal wiederzukehren.« Und der französische Schriftsteller Voltaire meinte: »Es ist nicht weiter überraschend, statt einmal zweimal geboren zu werden; in der Natur erwacht alles wieder zu neuem Leben.«

Noch ausdrücklicher findet man die Lehre von der Wiedergeburt in den indischen Weisheitsbüchern, den Veden, die bis heute die Grundlage aller indischen Religionen bilden.

Die Philosophen des chinesischen Altertums haben sich sehr gründlich mit der Seele beschäftigt. Sie haben herausgefunden, dass die menschliche Seele drei Anteile hat, von denen jeder eine andere Aufgabe wahrnimmt. Seelen können verschiedene Qualitäten und unterschiedliche Stufen haben. Die Seele beherrscht entsprechend ihrer Entwicklungsstufe den Körper und entscheidet lebenslang über die Gedanken, Worte und das Verhalten des Menschen, das heißt über sein moralisches Niveau. In der chinesischen Tradition wurden zu diesem Thema mehrere hundert Bücher überliefert. Die bekanntesten und einflussreichsten werden im Anhang genannt. Eines davon trägt den Titel »Aufzeichnungen aus der Strohhütte Yue Wei« von Ji Xiao Lang (1724–1805). Dieses Buch enthält 600 wahre Geschichten über die Wiedergeburt und die karmischen Wirkungen.

Auch aus Kirchenkreisen werden immer wieder Stimmen laut, welche die Wiedergeburtslehre offen diskutieren und zurück ins Christentum integrieren wollen. In seinem über 600 Seiten starken Werk »Kehret zurück, ihr Menschenkinder!« belegt der Schweizer Wissenschaftler und Pfarrer Till A. Mohr anhand einer Fülle eindeutigster Bibelstellen, dass Reinkarnationsidee und biblische Überlieferung keinesfalls im Widerspruch zueinander stehen.

In Brasilien glauben etwa 80% der katholischen Bevölkerung an die Reinkarnation. Daher ersuchten die dortigen kirchlichen Oberen Papst Johannes Paul II, die Reinkarnation anzuerkennen. *»Dieser hält ihnen jedoch entgegen, dass er in dieser Angelegenheit nichts zu unternehmen vermöge, da sich noch über die Hälfte seiner Kardinäle gegen eine Anerkennung der Reinkarnation sträube.«*[7]

Im schriftlichen Fundament des christlichen Glaubens, der Bibel, genauer im Neuen Testament, finden sich noch immer einige Hinweise auf den Karma- und Reinkarnationsglauben. Beispielsweise als Jesus über Johannes den Täufer sagt: »Und wenn ihr es gelten lassen wollt: Ja, er ist Elija, der wiederkommen soll.« (Mt. 16,14)

Sehr eindrucksvoll findet sich der Gedanke der Wiedergeburt auch in Psalm 90,3: »Du lässest die Menschen zum

Staube zurückkehren und sprichst mit ihnen: Kehret zurück, ihr Menschenkinder!«

Im Neuen Testament sind ebenfalls Ereignisse beschrieben, welche die Idee der wandelnden Seelen beschreiben. Etwa als Jesus »den Teufel austrieb« und dadurch Krankheiten heilte: »Am Abend brachte man viele Besessene zu ihm. Er trieb mit seinem Wort die Geister aus und heilte alle Kranken.«

Früher glaubte ich selbst auch nicht an Wiedergeburt und die karmische Verkettung von Ursache und Wirkung. Ich bin in der Volksrepublik China während der Kulturrevolution (1966–1976) geboren. Damals herrschte das Motto: »An allem zweifeln!« und »Nieder mit allem!« Die Kirchen wurden als Fabriken benutzt, die Tempel zerstört und die Geistlichen ins Gefängnis gesperrt oder verbannt.

Glücklicherweise wurde ich in eine christliche Familie geboren. Meine Mutter sowie meine Großmutter und Urgroßmutter mütterlicherseits sind bzw. waren alle gläubige Christinnen. Obwohl die Situation damals sehr kritisch war, brachte meine Großmutter meine Schwester Tianping und mich immer heimlich zum Gottesdienst, der damals bei einer christlichen Familie stattfand – sie riskierte damit festgenommen zu werden.

Nach der Kulturrevolution öffneten sich die Türen der Kirchen wieder. Ich ging häufig mit meiner Großmutter und meiner Mutter zum Gottesdienst. Damals konnte ich den Inhalt der Bibel noch nicht richtig verstehen, bemühte mich aber, ihn mir zu erschließen.

Später kam ich mit den Lehren des Buddhismus und Taoismus in Berührung, und mein Blickfeld erweiterte sich. Nachdem ich für die verschiedenen Religionen einen umfassenderen Blick bekommen hatte, konnte ich sie vergleichen und analysieren. Schließlich fand ich heraus, dass die unterschiedlichen Glaubenssätze alle derselben Quelle entspringen und zum selben Ziel führen. Trotzdem hatte ich Zweifel, was Karma und Reinkarnation anbelangte. Doch nachdem ich angefangen hatte, Tian Gong zu praktizieren und selbst übersinnliche Fähigkeiten erlangte, hat sich mein Verständnis für diese Phänomene dramatisch gewandelt.

Gegenwärtige Forschungen zur Wiedergeburt

Seit ich in den Westen gekommen bin, begegnen mir immer wieder Berichte über moderne wissenschaftliche Arbeiten oder auch neu entdecktes schamanisches Wissen, welche die Phänomene der Seele ähnlich wie Tian Gong interpretieren. Besonders in den USA gibt es seit einigen Jahrzehnten eine Vielzahl aufgeschlossener Wissenschaftler, die sich mit der Erforschung der Wiedergeburtsphänomene beschäftigen. Verwendet wird dazu vor allem die Rückführung in frühere Lebenszustände, eine Methode, die meist mit Trance-Zuständen verbunden ist.

Die Psychologin Dr. Helen Wambach unternahm 1978 eine Studie über die Vorleben, die annähernd 1100 Freiwillige unter Hypnose berichtet hatten.[8] Nach der statistischen Auswertung der Aussagen fand sie einige Indizien, die noch heute als wichtigste Hinweise auf die Realität der Wiedergeburt der Seelen gelten. Bei den Auswertungen wurde offenbar, dass über alle Zeiten hinweg, in denen die Teilnehmer über ihre Leben berichteten, das Geschlechterverhältnis stets konstant blieb. Es wurden in jeder Epoche 50,6% der Leben als männlich und 49,4% als weiblich berichtet, genau wie die tatsächliche biologische Situation dieser Generationen. Auch die Zahl der Angehörigen der

Oberklasse mit angenehmem Lebensstandard entsprach der Schätzung von Historikern über die Klassenverteilung für die fragliche Periode. Die Erinnerungen der Beteiligten an Kleidung, Schuhwerk, Nahrung und Gebrauchsgegenstände war derart detailliert, dass sie häufig Historikern in Diskussionen überlegen waren.

Erinnerungen an frühere Leben wurden unter anderem auch von Dr. Ian Stevenson, Professor für Psychiatrie von der Universität von Virginia, und Dr. Brian L. Weiss, Psychiater mit Professur in Miami, erforscht. Stevenson hatte in etwa 4000 Feldstudien in Südostasien, aber auch im Nahen Osten und vereinzelt im Westen die spontanen Erinnerungen von Kindern an frühere Leben untersucht. Manche dieser Kinder zwischen zwei und fünf Jahren hatten ihren Eltern oder Verwandten erzählt, wo sie in ihrem Vorleben gelebt hatten. Einige konnten sogar den konkreten Ort, ihre damaligen Namen und Beschreibungen der jeweiligen Familien angeben. Die unmittelbaren vorherigen Existenzen hatten stets noch eine sehr starke Anziehungskraft auf die Kinder, sodass manche ihre Eltern baten, sie an ihren früheren Wohnort zu bringen. Nach entsprechenden Erkundigungen der Eltern bestätigten sich die Angaben der Kinder über den Ort, die Familien und die Art, wie das Kind im Vorleben starb. So konnten in vielen Fällen die Erinnerungen als wirklich/real eingestuft werden, was nach Dr. Stevenson sogar als Beweis für Reinkarnation gelten kann.[9]

Brian L. Weiss wandte Rückführungen unter Hypnose als Therapiemethode an, um hartnäckige physische Krankheiten und seelische Verletzungen seiner Patienten zu heilen. In dieser Therapie behält die Seele ihre Wahrnehmungsfähigkeit und kann, während der Körper unter Hypnose ist, von früheren Erfahrungen aus der Kindheit dieses Lebens oder von früheren Leben berichten.

Die erste Patientin von Dr. Weiss, die sich an frühere Leben erinnerte, war Catherine.[10] Sie suchte ihn 1980 auf, weil sie seit ihrer Kindheit unter Ängsten, Panikanfällen und Phobien litt. Dr. Weiss behandelte Catherine achtzehn Monate lang mit konventionellen therapeutischen Methoden, ohne dass sich ihr Zustand besserte. Dann versuchte er, ihre Erinnerung unter Hypnose soweit zurückzuführen, bis sie den Zeitpunkt erreichte, an dem die Symptome entstanden waren. Völlig unerwartet landete ihre Seele in einem früheren Leben vor 3500 Jahren. Sie beschrieb bis ins Detail ihr Aussehen, ihre Kleidung, die Umgebung, die Gebrauchsgegenstände, die Tätigkeiten und erkannte Menschen wieder, denen sie im jetzigen Leben begegnet war. Als sie aus der Trance erwachte, erinnerte sie sich an die Einzelheiten ihrer vergangenen Leben. Ihre Symptome waren die Folgen des Karmas, das in jenen Vorleben geschaffen wurde. Mit jeder hypnotischen Rückführung litt Catherine weniger an ihren Ängsten und Befürchtungen, sie wurde gelöster, heiterer, weicher und ausgeglichener. Ohne Psychopharmaka wurde sie durch die mehrmonatige Reinkarnationstherapie geheilt. Sie erfuhr dabei außerdem, dass sie sechsundachtzig Mal auf der Erde gelebt hatte. Auch Weiss selbst, ein Vertreter der schulmedizinischen Psychiatrie, veränderte sich: Seine Skepsis und seine Zweifel gegenüber dem Konzept von Wiedergeburt und übersinnlichen Fähigkeiten schwanden. Vier Jahre nach der Begegnung mit Catherine brachte er den Mut auf und veröffentlichte Catherines Erinnerungen an frühere Leben und die dabei übermittelten Botschaften. Er gilt als einer der Pioniere im Bereich der Reinkarnationstherapie.

Karma – universelles Gesetz von Ursache und Wirkung

Alles, was uns in diesem Leben geschieht, ist die Folge von Ereignissen aus früheren Leben. Es geht dabei um Ereignisse, die wir selbst in Gang gesetzt haben oder für die unsere Ahnen verantwortlich sind. Die Folgen unseres Tuns werden entweder wir selbst in diesem oder in einem zukünftigen Leben tragen oder sie werden von unseren Nachkommen übernommen. Jede Tat hat ihre Wirkung und jedes Geschehen hat seine Ursache. Das ist Karma. Wenn wir uns im Winter nicht warm genug anziehen und daraufhin eine Erkältung bekommen, so ist auch das Karma; Ursache und Wirkung.

Aus dem alten China sind dazu folgende Sinnsprüche überliefert: »Wer Melonen sät, wird auch Melonen ernten. Wer Bohnen sät, wird Bohnen ernten.« »Keine Tat ohne Folgen.« Und: »Wenn die Zeit reif ist, wird die Tat belohnt oder bestraft.«

Im Buddhismus wird auf das Verhältnis von Ursache und Wirkung noch differenzierter hingewiesen:

»Willst du wissen, welche Ursachen in deinem Vorleben gelegt wurden, dann sieh, was dir in diesem Leben geschieht. Willst du wissen, welche Folgen du in deinem nächsten Leben tragen wirst, dann sieh auf deine Taten in diesem Leben.«

Dieses Gesetz von Ursache und Folge berücksichtigt die moderne Medizin nur auf der materiellen Ebene. Sie erforscht ausschließlich die genetische Vererbung der »Yang-Materie«, das heißt alles, was wir mit unseren Augen sehen, messen und untersuchen können. Die energetische

Vererbung von »Yin-Materie« bezieht sie nicht mit ein. So lautet eine Grunderkenntnis der genetischen Vererbung, dass zum Beispiel ein Sohn an Bluthochdruck erkranken kann, wenn sein Vater bereits dieses Leiden hatte; und wenn die Mutter Brustkrebs hatte, hat die Tochter eine höhere Wahrscheinlichkeit, ebenfalls Brustkrebs zu bekommen. Weitaus schlimmer jedoch können sich die Beeinträchtigungen durch die Vererbung von Yin-Materie, also den Informationen aus den früheren Taten, der Eltern, Vorfahren oder der eigenen Seele auswirken.

Nach meiner Erfahrung liegt die wahre Ursache schwerer Krankheiten, die allgemein durch Vererbung erklärt werden, im Yin-Bereich, nämlich in den Informationen, die wir aus früheren Inkarnationen mitbringen. Wir kommen mit energetischen Schwächen auf die Welt, die ihre Ursache in unseren früheren Leben oder denen unserer Familie haben. Aus diesen Schwächen entwickeln sich, oft bereits im Mutterleib, unsere Krankheiten. Demzufolge ist jede Erbkrankheit im Grunde eine Informationskrankheit und Vererbung eine karmische Angelegenheit.

Karmische Informationen werden zudem nicht nur in der eigenen Seele aufgezeichnet, sondern auch in denen aller anderen Lebewesen, die in die jeweiligen Ereignisse verwickelt waren. Folglich zieht sich das Kausalitätsgesetz durch eine ganze Reihe von Reinkarnationen aller Beteiligten, woraus ein dichtes Netz karmischer Beziehungen entsteht.

Folgende Geschichte zeigt, wie karmische Verstrickungen über mehrere Reinkarnationen erhalten bleiben:

Anlässlich eines Vortrags, den Letian Shi Fu 1992 in der chinesischen Provinz Si Chuan hielt, bat ihn eine Journalis-

tin um Hilfe: Ihre Mutter sei von einem Hund gebissen worden und habe nun Angst, Tollwut zu bekommen. Letian Shi Fu und dessen Assistentin untersuchten die Frau mit dem Himmlischen Auge.

Shi Fu erläuterte der Journalistin: »Ihre Mutter kam, um Sie zu besuchen. Sie wurde vor Ihrer Haustür von dem Hund gebissen. Sie war mit mehreren Personen zusammen. Ihre Mutter ging nicht ganz vorne und auch nicht ganz hinten, sondern war mitten unter den anderen. Der Hund lief aber direkt zu ihr. Er hat nicht etwa jemanden gebissen, der ganz vorn oder ganz hinten war, sondern ausgerechnet Ihre Mutter – und zwar mit Absicht.«

Die Journalistin war sehr erstaunt, denn das stimmte alles. Warum aber hatte der Hund absichtlich ihre Mutter gebissen? Im Himmlischen Auge erschienen folgende Bilder: In einer fernen Vergangenheit waren zwei Räuber auf einem kleinen Weg im Wald unterwegs. Die Teilung der Beute zwischen ihnen war nicht gerecht erfolgt, sodass der eine Räuber (A) voller Zorn den anderen (B) mit dem Messer erstach. Beide Räuber erlebten nach diesem Leben mehrere weitere Inkarnationen. Räuber A bemühte sich, sein Verhalten zu verbessern und seine Moral zu erhöhen und wurde als Mensch wiedergeboren. Er ist in diesem Leben die Mutter der Journalistin. Räuber B dagegen ist in diesem Leben als Hund wiedergeboren worden. Seine Seele hatte bei jeder Wiedergeburt den Räuber A aufgesucht, um Rache zu nehmen, weil der andere ihn damals mit dem Messer getötet hatte.

Die Mutter konnte ihrem Feind nicht aus dem Weg gehen. Die schlimme Tat, die von ihrer Seele in einem ihrer Vorleben begangen wurde, hat heute zu einer schmerzhaften Folge geführt. Da ihre Seele jedoch in einigen Vorleben gute Ver-

dienste angesammelt hatte, wurde sie nicht nur als Mensch wiedergeboren, sondern ist auch mit Letian Shi Fu in Verbindung getreten. Mit dieser positiven Entwicklung hat sie selbst die Grundlage dafür gelegt, dass sie der Gefahr einer Blutvergiftung entgehen konnte.

Karma kann jedoch auch direkt in diesem Leben seine Wirkung entfalten:

Eine Seminarteilnehmerin war von der Seele ihrer verstorbenen Schwiegermutter besetzt. Wir fanden heraus, dass sie früher zu ihrer Schwiegermutter sehr unhöflich gewesen war. Nach deren Tod kam ihre Seele zu der Schwiegertochter. Als wir das der Teilnehmerin erzählten, wurde sie sehr zornig und reagierte mit Vorwürfen: »Die blöde Alte, will die noch nicht weggehen!« Wir erkannten aber, dass die alte Dame zu ihren Lebzeiten aufrichtig und gutherzig gewesen war, übrigens ebenso wie ihr einziger Sohn. Beide hatten unter den verletzenden Worten der Frau zu leiden, und der Mann wurde häufig von ihr schikaniert. Als sie noch lebte, war die Schwiegermutter gegenüber der Frau hilflos und machtlos. Doch nach dem Tod suchte sie die Schwiegertochter auf. Als wir durch unsere Gedanken mit der Seele der Schwiegermutter Kontakt aufnahmen, sagte sie traurig zu uns: »Wenn sie lieb und nett zu meinem Sohn ist, werde ich gehen. Ich werde darüber hinwegsehen, wie sie mich in der Vergangenheit behandelt hat.« Welch großmütige Seele! Nachdem wir all das der Schwiegertochter übermittelt hatten, zeigte diese jedoch keine Spur von Reue. Sie hasste ihre Schwiegermutter noch immer, weil sie sich zu viel in ihre Beziehung eingemischt hätte. So war es natürlich schwer, die Probleme dieser Frau aufzulösen. Selbst wenn die Seele der verstorbenen

Schwiegermutter sie eines Tages verlassen sollte, könnte sich auf Grund ihrer fehlenden Bereitschaft zu vergeben, irgendwann eine andere an sie heften.

Das Thema der karmischen Verkettungen ist faszinierend. In buddhistischen Klassikern steht geschrieben: »Buddha fürchtet die Ursachen; die Menschen fürchten nur die Folgen.« Buddha fürchtet, Ursachen zu schaffen, weil sie zu Folgen führen, die nicht vorhersehbar sind. Wir sollen verstehen, dass alles, was uns Menschen begegnet, Ursachen hat, die in uns selbst liegen. Es sind die Konsequenzen unseres eigenen Schaffens. Und im Umgang mit diesen Konsequenzen erschaffen wir wieder neues Karma. Je nachdem, wie wir damit umgehen, bleiben wir zum Beispiel in negativen Kreisläufen gefangen oder aber wir befreien uns, indem wir positive Samen säen und damit positive Wirkungen auf den Weg bringen.

Vielleicht wird sich manch einer nun wundern: »Wenn eine gute Tat belohnt und eine böse Tat bestraft wird, wie kommt es dann, dass manche Menschen, die tatkräftig arbeiten und einen großen Beitrag für die Menschheit leisten, krank und schwach werden und früh sterben? Wie kommt es, dass gutherzige Menschen in hoffnungsloser Armut leben und verzweifeln? Andere tun mutwillig Böses, übertreten Gesetze, lassen sich korrumpieren, sodass sie von allen angeprangert werden, aber sie stören sich nicht daran, sondern bleiben stark und kerngesund, leben in Reichtum und haben zahlreiche Nachkommen.«

Solche Situationen gibt es häufig. Da viele Menschen sich diese Fragen nicht zufriedenstellend beantworten können, verlieren sie die Orientierung im Leben, lassen sich in bestimmten Situationen beeinflussen und setzen irgendwann ihre eigenen Verhaltensmaßstäbe herab. Manche Menschen fühlen sich machtlos gegenüber dieser »ungerechten Welt« und sehen sich außer Stande, diese zu verändern. Durch diese Enttäuschung verzweifeln sie mehr und mehr und verlieren mit der Zeit ihren eigenen Sinn für Gerechtigkeit. So sinkt das moralische Niveau überall auf der Erde.

Um diese Vorgänge zu verstehen, reicht es nicht aus, wenn wir nur unsere physischen Augen und unsere Anschauungen aus dem dreidimensionalen Erfahrungshorizont benutzen. Wenn wir die Dinge aus dieser Perspektive heraus betrachten, können wir sehr leicht falsche Schlüsse ziehen und denken zum Beispiel, dass es sich nicht lohnt, ein guter Mensch zu sein. Wenn wir in die wahre Natur der Dinge schauen, können wir verstehen, warum manche rechtschaffene Menschen anscheinend vom Unglück verfolgt sind. Wir haben in unseren Forschungen mit Hilfe des dritten Auges gesehen, dass diese Menschen noch Schulden aus den eigenen Vorleben oder von den Vorfahren begleichen müssen. Sobald das negative Karma abgetragen ist und weiterhin große Verdienste angesammelt werden, kann ab der zweiten Hälfte dieses Lebens oder im nächsten Leben eine positive Veränderung eintreten.

Ebenso ist es bei Menschen, die viele schlechte Dinge getan haben, die aber dennoch in Reichtum und Sorglosigkeit leben. Vielleicht haben sie oder ihre Vorfahren in einem ihrer Vorleben so viel gute Verdienste angesammelt, dass sie in diesem Leben noch einen gewissen Vorrat an positivem Karma haben, wodurch sie ein glückliches Leben führen können. Wenn dieser Vorrat jedoch aufgebraucht ist, wird sich allmählich das Blatt wenden.

Ist das Schicksal veränderbar?

Eine weitere Frage könnte sein: Wenn ein bestimmtes Karma bereits geschaffen ist, muss es dann passiv ertragen werden? Nein, das ist nicht so. Das Schicksal ist zwar da, aber es ist nicht unabwendbar. Wer sich aktiv und konsequent bemüht, seine Verhaltensgewohnheiten zu verändern, kann dadurch sein Schicksal ins Positive wenden und verhindern, dass sich seelische Fremdinformationen an ihn haften. Was in der Vergangenheit geschah, ist die Ursache. Was in der Gegenwart geschieht, ist die Folge. Zwischen Ursache und Folge existiert allerdings eine Verbindung, die mit dem Wachstum eines Samens vergleichbar ist, der Wasser, Sonne und Pflege braucht, damit er in der Zukunft Früchte trägt. Durch unsere Gedanken, Worte und Taten haben wir es selbst in der Hand, ob wir den negativen Samen wässern und ihn groß werden lassen oder ob wir ihn durch unsere positive Energie eingehen lassen. Wenn ein Mensch vor dem Wirksamwerden einer Vergeltung oder währenddessen aus tiefem Herzen bereut und viele gute Taten vollbracht hat, können sich Dauer und Ausmaß der Vergeltung verringern. Sie wird dann gemildert, und vielleicht wird sie nur vorläufig geschehen, vielleicht sogar ganz erlassen.

Die positiven und negativen Energien des menschlichen Körpers sind mit dem moralischen Verhalten der Person verbunden und nehmen direkten Einfluss auf die Dauer und den Schweregrad der Informationskrankheiten. Was wir aussenden, kommt zu uns zurück. Dies ist ganz im Sinne der mathematischen Grundrechenarten zu verstehen. Wenn wir wenig Gutes tun, kehrt wenig Gutes zu uns zurück. Je mehr positive Verdienste wir ansammeln, umso mehr Gutes wird auch zu uns zurückkehren. Nehmen wir an, jemand hat früher einem anderen geholfen und damit einen guten Samen gelegt. Wenn der Sämling sorgfältig gepflegt wird, werden zur rechten Zeit Früchte wachsen. Das bedeutet, wenn wir uns zum Beispiel vornehmen, uns auf dem Weg zur Arbeit nicht wie vielleicht üblich mit Musik oder einem Buch zu verschließen, sondern den anderen Fahrgästen aufmerksam und offen mit einem Lächeln begegnen, dann fühlt sich das anfangs vielleicht noch fremd an, weil es ungewohnt ist. Doch wenn wir uns immer wieder jeden Tag neu daran erinnern, achtsam mit unseren Mitreisenden umzugehen, wird dies in unser Verhaltensrepertoire übergehen. Es passiert dann automatisch, dass wir freundlich und präsent sind. Es wird dann ein Charakterzug von uns. Das bedeutet, die Samen zu pflegen, sodass sich gesunde, kräftige Pflanzen daraus entwickeln können. Die Früchte, die wir ernten, sind die Dankbarkeit, die wir zurückbekommen. Unser Charisma, unsere Ausstrahlung wird sich verändern, weil unser Energiezustand angehoben wird. Mit mehr Energie können wir gesünder und glücklicher leben.

Wenn ein Samen von Anfang an nicht besonders gut, aber auch nicht besonders schlecht ist und nur ein wenig negative Energie enthält, Sie ihn aber mit Wärme und Herz pflegen, kann er dadurch viel positive Energie ansammeln und zu einer guten Frucht heranwachsen. Wenn Sie in einem Vorleben ungünstige Ursachen geschaffen und mit Ihrem Verhalten anderen Menschen geschadet haben, später aber große Wohltaten vollbracht und ausreichend positive Energie angesammelt haben, dann können die alten negativen Energien dadurch ausgeglichen oder sogar aufgelöst werden und sich die Wirkung verändern).

In diesem Fall würden Sie eventuelle seelische Fremdinformationen von sich aus verlassen; oder die schädliche Auswirkung würde verringert bzw. die Aufenthaltsdauer in bzw. bei Ihrem Körper abgekürzt.

Die bekannteste Person in China, die ihr Schicksal erfolgreich verändert hat, ist Yuan Liaofan, der zu Beginn der Ming-Dynastie im 16. Jahrhundert lebte. Er hat in seinem Buch »Die vier Instruktionen des Liaofan«[11] seine Wandlungsprozesse sehr genau beschrieben.

Yuan Liaofan kam aus Jia-San, in der Provinz Zhejiang. In seiner Jugendzeit wurde ihm das Los für sein ganzes Leben bis ins Detail vorhergesagt: all sein Glück und Unglück, welche Rangfolge er bei seinen Prüfungen erlangen und welche Position im Amt er erreichen würde, dass er in diesem Leben keinen Sohn haben und nicht sehr alt werden würde. In der Zukunft passierten viele Dinge genauso, wie es ihm prophezeit worden war. Das führte dazu, dass Yuan Liaofan sich allmählich dem Müßiggang hingab, weil sein Schicksal ja festgelegt war; was kommen sollte, würde auch kommen. Da begegnete ihm der Zen-Meister Yun Gu.

Dieser wies ihn auf etwas hin: Das Schicksal wird von uns selbst erschaffen. Das Glück wird von uns selbst erstrebt. Es gibt einen Weg zum Ziel. Es ist das Schicksal, das uns dort ankommen lässt. Da glaubte Yuan Liaofan, dass das Schicksal veränderbar ist. Mit festem Willen ging er daran, seine Fehler zu korrigieren. Wenn andere Menschen ihn verletzten, übte er sich in Toleranz und stritt nicht mit ihnen. Mit größter Entschlossenheit und Beharrlichkeit begann er, Wohltaten zu verrichten und Verdienste anzusammeln. Und tatsächlich begann auch die Vorhersage für sein Leben an

Gültigkeit zu verlieren. Yuan Liaofan erlangte eine höhere Position im Amt, bekam sogar vier Söhne und starb erst in hohem Alter.

Es gibt nur wenige Menschen auf der Welt, die wie Yuan Liaofan die eigenen Wege kennen und verstehen, wie das Schicksal zu beeinflussen ist. Es sind nur wenige, die sich dann auch entschließen, auf diesem Weg voranzuschreiten und sich nicht wie so viele andere einfach im Strom des Lebens dahintreiben zu lassen.

Alle Menschen haben die Möglichkeit, ihr Schicksal positiv zu verändern. Durch einen Weg, den wir Chinesen Xiu Lian nennen, sind wir nicht weiter »Opfer« widriger Umstände, sondern wir nehmen unsere Entwicklung selbst in die Hand. Xiu Lian ist das Bemühen, die Seele und den Körper zu reinigen und zu entwickeln, im Einklang mit dem Universum zu leben und achtsam mit unseren Gedanken, Worten und Taten umzugehen. Ebenso bedeutet Xiu Lian, die Tugenden auszubilden, Schwächen und Fehler zu erkennen und Schritt für Schritt zu verändern.

Bei den Kursen zur Regulierung von seelischen Fremdinformationen erfahren wir häufig, dass die Fremdseelen einsichtig sind. Sie betrachten den Kurs als Unterricht und lernen ebenso wie die Teilnehmer den Xiu Lian-Weg kennen. Viele von ihnen zeigen sich bereit, von negativen Handlungen abzulassen und Verdienste anzusammeln.

Wie die Seelen der Verstorbenen diese Erkenntnisse verinnerlichen können, wird am Beispiel der Seele eines verstorbenen deutschen Arztes im Dokumentarfilm »Ze« deutlich. Am Ende dieses Filmes spricht der Filmemacher über ein Medium mit der Seele. Dabei gesteht die Seele des Verstorbenen, dass sie in ihrer letzten Lebenszeit

Menschen durch Giftspritzen getötet hat. Nun möchte sie Leben retten, indem sie über ihr Medium Patienten mit Spritzen behandelt. Sie hat beschlossen, ihre Nächstenliebe zu entwickeln und Menschen und Lebewesen zu helfen, weil die von ihr begangenen Verbrechen nur durch große Wohltaten an anderen Menschen ausgeglichen werden können.

Die Seele äußert: »Es ist kein Zufall, dass ich hier seit langer Zeit arbeite. Ich übe mich noch in Nächstenliebe. Ich bin kein Wohltäter, ich bin ein Arbeiter.«

Der Filmemacher fragt: »Wird so unsere Seele befreit?«

Die Seele: »Das hängt von jedem einzelnen ab. Sprechen ist leicht, Tun ist schwierig. Die Nächstenliebe von Tag zu Tag zu praktizieren, ist schwierig. Die Wenigen, die das Gute tun, tun das oft auch nur für die eigenen Interessen. Denke an die Konzentrationslager, an die Gräben, in denen Juden lebendig begraben wurden. Das war nicht deine Epoche. Du bist jung, aber die Geschichte steht vor uns. Wie viele Male habe ich tödliche Spritzen gesetzt? Heute geben wir Spritzen für das Leben ... Wir haben Mitschuld. Wir sind für die Judenvernichtung verantwortlich ... Ich war beteiligt.«

Der Filmemacher: »Wie warst du mitschuldig?«

Die Seele: »Ich mag mich nicht daran erinnern.«

Der Filmemacher: »Manchmal muss man sich erinnern, um sich zu heilen.«

Die Seele: »Nein, wir heilen uns durch die Arbeit, indem wir das Gute tun. Wir ersetzen das Böse, das wir getan haben. Nur so kann man geheilt werden. Durch Reden erreichen wir nichts. Du kannst einen Fehler nur durch die Wohltat am Nächsten wieder gutmachen.«[12]

FREMDE SEELEN – WER SIND SIE?

Im ersten Kapitel ging es darum, wie sich die Erfahrungen unserer eigenen Seele auf das spätere Leben oder spätere Inkarnationen auswirken. Wurde zum Beispiel jemand in der Kindheit von einem Hund gebissen, wird er als Erwachsener sehr wahrscheinlich immer noch Angst vor Hunden haben. Oder wenn jemand in einem Vorleben ertrunken ist, wird er in diesem Leben vielleicht von Geburt an »grundlos« Angst vor Wasser haben. Haben wir jemanden verletzt, und zum Beispiel einem anderen Menschen in einem Vorleben mit einem Messer in den Nacken gestochen, können wir in diesem Leben durch einen geringfügigen Unfall schlimme Schmerzen im Nacken bekommen, die sich auch mit einer langjährigen Therapie nicht erfolgreich behandeln lassen.

Es gibt jedoch noch eine zweite schwerwiegende Ursache für diese Störungen und Krankheiten, und das sind die negativen Informationen, die von fremden Seelen verstorbener Menschen ausgehen. So auch im folgenden Beispiel:

Im November 2009 fuhr ich nach Berlin zu meinem Bruder, ich hatte mein Leben in eine Sackgasse manövriert und wollte mir Rat bei ihm holen. Es ging weder vor noch zurück.

Ich hatte keine Perspektive mehr, ich trank sehr viel und nahm Drogen.

Ich hatte schon immer viel getrunken und Drogen genommen, seitdem ich ungefähr 13 Jahre alt war. Warum wusste ich nicht. Über die Jahre wurde der Alkohol- und Drogenkonsum immer stärker. Ich habe es immer geschafft, kurzfristig für zwei bis drei Monate, aufzuhören, fiel aber immer wieder in mein altes Muster zurück. Oft fühlte ich mich deprimiert und ohne Hoffnung. Ständig war ich müde und erschöpft. Nie konnte ich auch nur eine Nacht erholsam schlafen. Auch im Umgang mit Menschen hatte ich Probleme. Ich war eher zurückhaltend, und es fiel mir schwer, Freundschaften aufrechtzuerhalten und Beziehungen zu führen. Nur durch Alkohol und Drogen »taute« ich auf. Doch dann war ich auch sehr hitzköpfig, leicht reizbar, aggressiv und schnell aus der Ruhe zu bringen.

Bald ging es nicht mehr weiter. Meine Probleme wurden nun auch im Körper sichtbar, und ich schlief immer schlechter. Ich war am Ende. Mein Leben hatte für mich an Bedeutung verloren, aber ich wollte noch nicht aufgeben. Ich wollte nicht mehr so leben, fand aber keinen Weg, mich aus diesem Teufelskreis zu lösen.

Ich rief meinen Bruder an, da ich wusste, dass er sich schon länger mit Qi Gong und Energiephänomenen beschäftigte. Er lud mich sofort nach Berlin ein und machte mir einen Termin bei Frau Dr. Li, einer chinesischen Ärztin. Sie diagnostizierte eine Störung durch Fremdinformationen bei mir und riet mir, an einer Regulierung im Tian Gong-Institut teilzunehmen.

Ich war bereit, alles zu versuchen, und las das Buch von Meisterin Tianying, um mich so gut es ging auf die Zeremonie vorzubereiten. Während der Regulierung musste ich stark weinen, aber ich spürte auch sofort eine innere Wärme und Ausgeglichenheit. Als die Information von mir getrennt wurde, ging es mir sofort viel besser, und ich fühlte eine unbeschreibliche innere Ruhe.

Nach der Energiearbeit spürte ich auf einmal, wie müde und erschöpft ich von der Rastlosigkeit war, die ich all die Jahre in mir getragen hatte. In dieser Nacht schlief ich zum ersten Mal tief und fest und träumte auch.

Ich konnte sofort und ohne Entzugserscheinungen aufhören, Alkohol zu trinken und Drogen zu nehmen. Ich verspürte noch nicht einmal mehr den Wunsch danach.

Ich glaube, dass die Fremdenergie schon sehr lange bei mir gewesen war und meine eigene Seele schon sehr weit verdrängt hatte.

Seit über einem Jahr lebe ich nun vegan und drogenfrei. Es geht mir sehr gut. Ich bin ausgeglichen und habe die Freude am Leben wiederentdeckt. Ich habe das Gefühl, wieder zu mir zurückgefunden zu haben.

Dafür bin ich sehr dankbar.

M., Hamburg, August 2010

Im Leben bilden Körper und Seele eine untrennbare Einheit. Die Seele wird energetisch vom Körper ernährt und umgekehrt. Wenn wir sterben, verlässt unsere Seele den Körper und lebt weiter als unsichtbarer Energiekörper, als Yin-Wesen. Normalerweise führt der Weg nach einer bestimmten Zeit zu einer neuen Wiedergeburt in unserer dritten Dimension. Es ist aber auch möglich, dass besonders reine Seelen Zugang zu höheren Dimensionen finden, oder Seelen, die sehr viel dunkle, schwere Energie angesammelt haben, in die unteren Dimensionen gehen.

Es ist im Laufe der Entwicklung unserer Gesellschaft jedoch noch ein weiteres Phänomen hinzugekommen. Es gibt Seelen, die nach dem Tod des Körpers nicht dem normalen Weg folgen können, sondern auf der Erde verbleiben. Hier werden sie zu »obdachlosen«, wandelnden Seelen. Lebende Menschen sind Yang-Wesen mit warmer Energie. Diese obdachlosen Seelen sind Yin-Wesen, und ihre Energiequalität ist kalt. Daher bezeichnen wir sie auch als »negative« Energiekörper. Aber auch ohne ihren physischen Körper sind die obdachlosen Seelen trotzdem Lebewesen, die Gedanken und Gefühle haben. Genauso wie die lebenden Menschen haben sie Bedürfnisse: Sie brauchen Energie und wünschen sich ein Zuhause. Deshalb suchen sie nach einer Stätte, wo sie sich aufhalten können. Ein Ort, der diese Bedürfnisse sehr gut erfüllt, ist der Körper eines lebenden Menschen. Die fremden Seelen können sich jedoch auch bei Tieren oder bei Pflanzen mit starker Energie, wie zum Beispiel sehr alten großen Bäumen, niederlassen. Solche obdachlosen Seelen, die ihre Zuflucht bei lebendigen Wesen suchen, bezeichnen wir bei Tian Gong als »Fremdseelen« und die von ihnen hervorgerufenen Krankheiten »Informationskrankheiten«. Der Körper muss jetzt nicht mehr nur eine Seele tragen und ernähren, sondern zwei. Im Laufe unserer Arbeit haben wir eine große Anzahl von Fallgeschichten gesammelt. Dabei fanden wir heraus, dass neben menschlichen Seelen auch Seelen von Pflanzen und Tieren sowie Wesen aus anderen Dimensionen seelische Störungen hervorrufen können.

Manchmal besetzen zudem mehrere seelische Informationen gleichzeitig einen einzigen Menschen. Bei einer Teilnehmerin habe ich gesehen, dass die Seele eines abgetriebenen Kindes im Bauch der Mutter verblieb; zugleich fanden wir die Seele ihrer eigenen, bereits verstorbenen Mutter hinter ihr. Bei einer anderen Frau mit Gebärmutterhalskrebs haben wir drei Seelen von verstorbenen Männern gesehen. Manchmal stehen sogar mehrere Seelen Schlange und warten auf ihre Chance. So sahen wir bei einer Seminarteilnehmerin zuerst mehrere seelische Fremdinformationen von Bäumen, die ihre Familie fällen ließ, um ein Haus zu bauen. Nachdem wir diese Fremdseelen weggebeten und diese sie verlassen hatten, zeigte sich noch die Seele ihres verstorbenen Vaters.

Die Gründe dafür, dass eine Seele nach dem Tod nicht zurück ins Licht gehen oder wiedergeboren werden kann, sind vielfältig. Es kann sich um Seelen handeln, die mit starken negativen Emotionen wie zum Beispiel Hass und Angst oder unter falschen Anschuldigungen gestorben sind. Genauso können es Seelen sein, die noch mit Liebe und Fürsorge an lebende Menschen gebunden sind oder die aufgrund falscher Vorstellungen über den Tod nicht glauben wollen, dass sie gestorben sind. Die tiefer liegende Ursache ist jedoch immer, dass die jeweilige Seele nicht genügend Energie hat, um wiedergeboren zu werden. Warum haben die Seelen zu wenig Energie? Häufig liegt es daran, dass die Menschen nicht loslassen können. Einerseits haben sie zu große Bedürfnisse: Nach dem Tod wollen sie weiter essen und trinken, Geld besitzen oder sexuelle Lust befriedigen. Andere häufig vorkommende Ursachen sind ungelöste Beziehungsprobleme oder ein zu früher und zu plötzlicher Tod, bei dem der Verunglückte sich nicht von seinen Liebsten verabschieden konnte.

Seelen, die aus Liebe bleiben

Jeder von uns braucht Liebe. Wir wollen auch mit unseren verstorbenen Angehörigen und Freunden in Liebe verbunden bleiben. Zwischen Lebenden und Verstorbenen gibt es jedoch eine Art der Liebe, die für beide nicht förderlich ist. Es geht um die Liebe, die nicht loslassen kann, die abhängige und manchmal egoistische und unwissende Liebe. Weder der noch lebende Mensch noch die Seele, die ihren Körper verlassen hat, können sich auf der Basis so einer Liebe weiterentwickeln.

Bereits in meiner Kindheit hörte ich Geschichten, dass Kinder, die von den Eltern mit ans Grab der Großeltern genommen wurden, zuhause plötzlich ohne ersichtlichen äußeren Anlass hartnäckigen Husten und Fieber bekamen oder im Schlaf redeten. Die Kinder kamen häufig ins Krankenhaus. Doch trotz der medikamentösen Behandlung verbesserte sich ihr Gesundheitszustand nicht. Die »weisen Alten« wussten jedoch, worum es hier ging. Sie erklärten, dass es sich um die Seele eines verstorbenen Großvaters oder einer verstorbenen Großmutter handelte, die ihre Enkelkinder sehr geliebt haben und sie während des Friedhofsbesuchs »gestreichelt« hätten. Die Alten empfahlen, jemanden aufzusuchen, der besondere Fähigkeiten besitzt, oder in einem Tempel Räucherstäbchen anzuzünden, sich vor den Buddha- oder Götterstatuen niederzuknien und sich so tief zu verneigen, bis die Stirn den Boden berührt. Die Asche der Räucherstäbchen solle mit Wasser verrührt werden und den Kindern zum Trinken gegeben werden. Danach würden sie wieder gesund werden.

Bevor ich Qi Gong praktizierte, hielt ich solche Geschichten für bloßen Aberglauben. Mit der Praxis begann sich meine Wahrnehmung für diese Phänomene jedoch zu verändern. Mehrmals und von verschiedenen Seiten hörte ich daraufhin von Geschehnissen, die den Erfolg der Anwendung dieser Bräuche bestätigten, und so begann ich mich weiter für diese Möglichkeit zu öffnen. Seit ich selbst besondere Fähigkeiten entwickelt habe, kann ich nicht nur die Seelen sehen, die an die Erde und die Menschen gebunden sind, sondern es ist mir auch möglich geworden, die Probleme von Kindern zu lösen, denen die Seelen Verstorbener über den Kopf »gestreichelt« haben.

Inzwischen habe ich verstanden, dass es zwischen Himmel und Erde mehr gibt als unsere sichtbare Welt. Seither fälle ich keine vorschnellen Urteile mehr, wenn mir unerklärliche oder unglaubliche Phänomene begegnen, die ich noch nicht verstehen kann.

Die folgenden Beispiele machen deutlich, was geschehen kann, wenn aus Liebe nicht losgelassen werden kann.

Der Großvater, der seine Enkelin zu sehr liebte

Laura ist eine hübsche, blonde Frau aus Los Angeles. Sie ist erst dreißig Jahre alt und fühlt sich häufig sehr müde und kraftlos.

Meine Schwester Tianping untersuchte Laura mit dem Himmlischen Auge. Sie fand heraus, dass ihr Großvater gestorben war, als Laura fünf oder sechs Jahre alt gewesen ist. Laura bestätigte dies und sagte, dass es der Vater ihrer Mutter gewesen sei.

Tianping: »Er hat dich sehr geliebt, und du vermisst ihn auch«. Die Bilder im Himmlischen Auge zeigten, dass die

Seele des verstorbenen Großvaters die Enkelin manchmal in der Nacht besucht, um ihr über den Kopf zu streicheln.

Letian Shi Fu fragte Laura: »Wenn du morgens aufstehst, bist du dann manchmal noch müde? Hast du vielleicht Hormonschwankungen?« Laura bestätigte dies.

Letian Shi Fu zu Laura: »Wenn du möchtest, dass diese Probleme gelöst werden, können wir deinen Großvater bitten, sich nicht mehr um dich zu sorgen.«

Laura war nicht gleich einverstanden: »Aber ich liebe meinen Großvater sehr.«

Letian Shi Fu: »Großvater und Enkelkind, diese beiden Generationen gehören jetzt zwei unterschiedlichen Welten an. Dein Großvater kann dich nicht loslassen. Das ist ungünstig für seine Seelenentwicklung, und du kannst nicht gesund werden.« Laura fragte nach, was sie denn tun solle. Letian Shi Fu: »Wir sprechen mit deinem Großvater und bitten ihn, zu gehen. Er wird zu einem Ort begleitet werden und froh sein, dorthin zu gelangen.«

Laura antwortete liebevoll: »Wenn Großvater wirklich zu einem guten Ort gelangen kann, dann bin ich damit einverstanden.«

Wir haben uns daraufhin mit der Seele des verstorbenen Großvaters unterhalten und gehofft, dass sie gehen würde. Zunächst war sie jedoch sehr hartnäckig und wollte nicht nachgeben. Erst nach unserer ausführlichen Erläuterung über die Zukunft ihrer beider Seelen begann er, Zugeständnisse zu machen. Wir sagten, dass die Gesundheit seiner Enkelin sich verbessern würde, wenn er ginge. Wenn er jedoch bleiben würde, dann würde es ihr immer schlechter gehen. Wir versprachen, ihm zu helfen, einen guten Ort zu finden. Schließlich konnte er diese Hilfe annehmen und ist in Dankbarkeit gegangen.

Seitdem ist die morgendliche Müdigkeit bei Laura verschwunden. Sie wurde von Tag zu Tag wieder gesünder und arbeitet heute als ehrenamtliche Mitarbeiterin bei uns.

Noch ein Beispiel eines liebenden Großvaters zeigt, wie die Seelen auch die Ungeborenen stören können.

Der Stolz des werdenden Großvaters

Xiao Min aus Wenzhou in China war im achten Monat schwanger. Seit einigen Wochen wachte sie nachts von Bauchschmerzen auf, ihr wurde übel, sie musste sich erbrechen und konnte dann nicht wieder einschlafen. Manchmal verbrachte sie sogar die Nacht im Sitzen. Die ärztlichen Untersuchungen fanden keine Antwort für ihre Schlaflosigkeit und ihre anderen Beschwerden. Weder die gynäkologische noch die internistische Untersuchung ergab einen Befund. Xiao Min nahm auch Heilkräuter der Traditionellen Chinesischen Medizin ein – aber sie halfen nicht.

Schließlich rief sie in Berlin an und bat um Hilfe. Ich untersuchte sie mit meinem Himmlischen Auge und fand die Seele des verstorbenen Großvaters. Ich fragte mich, warum der Großvater kam und das ungeborene Kind und dessen Mutter störte.

Die Seele des Großvaters ließ mich wissen: »Es ist mein Enkelkind. Mein einziger Sohn schenkt mir ein Enkelkind. Ich bin so glücklich!«

Wieder ein Großvater, der sein Enkelkind so sehr liebte! In den Nächten kam die Seele des verstorbenen Großvaters zur Schwiegertochter, um den Fötus aus der Nähe anzuschauen. Aber das kleine Lebewesen im Bauch hatte Angst vor ihm, weil das Yin-Qi der Seele des Großvaters und das Yang-Qi der Seele des Ungeborenen nicht im Einklang miteinander waren.

Der Großvater sagte: »Aber ich liebe ihn so sehr! Ich will ihn nicht loslassen!« Wir unterrichteten die Seele des Großvaters über die Hintergründe von Leben und Tod, damit er verstehen konnte. Nachdem er tatsächlich verstanden hatte, versprach er zu gehen und sagte zu uns: »Ich werde den Xiu Lian-Weg gehen!«[13] *Aus Interesse fragte ich, wo er hingehen wollte, um Xiu Lian zu praktizieren. »Ich werde zum Guo Gong-Berg gehen, um dort meine Übungen zu machen und Qi aufzunehmen.« Warum wollte seine Seele zum Guo Gong-Berg gehen? Ich fragte ihn, ob er in seinem Leben vielleicht in der Nähe des Guo Gong-Berges gewohnt hatte. »Ja, nicht weit vom Berg«, antwortete der Großvater.*

Ich fragte sogleich Xiao Min am Telefon, ob der verstorbene Schwiegervater in der Nähe des Guo Gong-Berges gelebt habe. Sie antwortete: »Ja! Er wohnte in der Ban Yao Qiao-Straße, nicht weit vom Guo Gong-Berg.«

Nachdem die Seele des Großvaters gegangen war, konnte Xiao Min bereits am selben Tag wieder durchschlafen, und die Bauchschmerzen waren verschwunden. Einen Monat später gebar sie einen gesunden Jungen.

EIN KLEINER EXKURS: Der Guo Gong-Berg bekam seinen Namen zum Gedenken an den Urheber der Feng Shui-Lehre Guo Pu. Guo Pu war ein taoistischer Großmeister und besaß übersinnliche Fähigkeiten. Vor 1700 Jahren war er der erste Bürgermeister in meiner Heimatstadt Wenzhou. Als er sein Amt antrat, ließ er die Stadt Wenzhou nach seinen neuen Feng Shui-Prinzipien erbauen.

Nach der traditionellen chinesischen Sichtweise sollte beim Bau einer Stadt ein Tor nach Süden hin errichtet werden. Das Gleiche galt für die Eingangstür beim Bau eines Hauses. Hinter der Stadt bzw. dem Haus sollte es möglichst Berge und davor einen Fluss geben. Die damalige Hauptstadt unserer Region Ost Ou-Land, Yong Jia, entsprach diesen herkömmlichen Feng Shui-Prinzipien und befand sich *nördlich* des Ou-Flusses, der von Nordwesten nach Südosten in das Ostchinesische Meer fließt.

Guo Po wandte die eigens von ihm entwickelten Feng-Shui-Prinzipien an und ließ das neue Wenzhou *südlich* des Flusses erbauen. Am Tag des ersten Spatenstichs sprang plötzlich ein weißer Hirsch mit einer Blüte des Schneeflockenstrauches im Maul daher. Er lief entlang der geplanten Stadtgrenzen und verschwand dann spurlos. Deshalb wird Wenzhou die »Weiße-Hirsch-Stadt« genannt. Dank des Feng Shui-Gründers erhielten die Bewohner von Wenzhou einen echten »Feng Shui-Schatz«, denn seit über 1700 Jahren gibt es in dieser Stadt keine Kriege und für den Ackerbau herrscht ein sehr günstiges Klima. Die Menschen in Wenzhou leben in Ruhe und Frieden. Das heutige Wenzhou wird in China außerdem gerühmt als »Stadt des Wohlstands«, »Heimat von Mathematikern«, »Stadt des Qi Gong«, »Stadt des Tanzes« und »Stadt des Schachspiels«. Noch heute profitieren die Bewohner von den Vorzügen der Feng Shui-Praxis von Guo Pu. Er wird als »Guo Gong« (Ehrenwerter Herr Guo) geehrt, und einer der neun Berge der Stadt trägt nun seinen Namen.

Gespräche mit dem verstorbenen Ehemann

Wenn ein Ehepaar jahrzehntelang zusammenlebt, kommt es häufig vor, dass man den Partner als Teil des eigenen Lebens empfindet. Wenn der eine stirbt, kann es sowohl dem Lebenden als auch dem Verstorbenen schwerfallen, sich mit dieser Situation abzufinden. Wenn der Verstorbene nicht weggehen will oder sich Sorgen um die Hinterbliebenen macht, kann er oder sie bei der Familie bleiben und ihr weiteres Leben stören, was aus dem nächsten Beispiel deutlich wird:

Die Patientin eines Hamburger Arztes unterhielt sich fast jeden Tag mit der Seele ihres verstorbenen Mannes, so wie sie es zu seinen Lebzeiten getan hatte. Drei Jahre waren seit dem Tod ihres Mannes vergangen, und noch immer war sie nicht in der Lage, ein normales Leben zu führen. Sie blieb häufig allein zu Hause und konnte nicht unter Menschen gehen, worunter sie jedoch sehr litt. Auf Empfehlung ihres Arztes suchte sie uns auf. Wir erzählten ihr, dass die Yin- und die Yang-Welten jeweils ihr eigenes TAO – ihre eigene Ordnung – haben und einander nicht stören sollten, da das für beide Seiten sehr ungünstig sei. Einerseits kann die Seele eines Verstorbenen keine Ruhe und keinen Frieden finden, andererseits kann der Lebende auch seinen Weg nicht frei weitergehen. Wir nahmen für beide eine energetische Regulierung vor und baten die Seele des Mannes, seine Frau zu verlassen. Daraufhin halfen wir ihm, einen neuen Weg für sich zu finden. Die Frau kam später zu einer Veranstaltung in unser Institut nach Berlin. Sie sagte, es ginge ihr wunderbar.

Die Sorge einer Mutter

Wenn Emotionen von Sorge und Liebe beim Sterben nicht losgelassen werden, kann sich dies für beide Seiten belastend auswirken. Allerdings sind solche Situationen generell leichter zu regulieren.

Im Jahr 2002 kam eine Frau zu uns nach Berlin. Sie war Mitte 40 und sah sehr dünn und knochig aus. Seit ihrer Kindheit litt sie unter schweren Depressionen, Angstzuständen und Selbstmordgedanken. Selbst eine mehrjährige Psychotherapie hatte sie nicht von diesen Beschwerden befreien können. Bei einer Tian Gong-Energieübertragung fand ich hinter ihr die Seele ihrer verstorbenen Mutter. Ich fragte die Frau: »Wie geht es deiner Mutter?«

Sofort brach die Frau in Tränen aus. Nachdem sie sich etwas beruhigt hatte, erzählte sie, dass ihre Mutter an einer Krankheit gestorben war, als sie selbst gerade zwei Jahre alt war. Jede Mutter liebt ihre Kinder. Besonders wenn die Kinder noch sehr klein sind, fällt es schwer, loszulassen. Die Mutter dieser Frau war damals wegen einer sehr schweren Erkrankung nicht in der Lage, ihre Tochter zu pflegen und zu schützen. Schließlich verlor das kleine Mädchen seine Mutter. Doch die Mutter wollte ihr Kind nach dem Tod nicht alleinlassen, und so blieb die Seele der Mutter, um sich weiterhin um sie zu kümmern. Die Traurigkeit der Mutter übertrug sich auf die Tochter, was zu den schweren Depressionen führte.

Nach meiner Regulierung wurden die Depressionen etwas leichter. Sie war jedoch seit Jahrzehnten daran gewöhnt, mit der Mutter-Seele zusammen zu sein. In der folgenden Zeit erlebte sie einige Rückfälle, bis ihre Seele allmählich damit vertraut war, allein in ihrem Körper zu leben. Inzwischen lächelt die Frau wieder, sie hat eine bessere Farbe im Gesicht und auch etwas zugenommen. Bekannte sagen ihr, sie sei ein neuer Mensch geworden.

Kein Platz für die neue Liebe

Während meiner Regulierungsarbeit ist mir mehrmals das Phänomen begegnet, dass eine verstorbene Seele den ehemaligen Partner aufsucht, auch wenn die Beziehung schon mehrere Jahre vor dem Tod beendet war. Dies kann passieren, wenn die Seele des Verstorbenen den anderen noch immer liebt und einfach nicht loslassen will. Doch die Anwesenheit der Seele stört den geliebten Menschen und kann seine Gesundheit oder auch eine neue Liebesbeziehung beeinträchtigen. Wenn wir von unseren geliebten Menschen nicht loslassen können und uns stattdessen an sie klammern, ist es keine echte Liebe, sondern eine egoistische Liebe. Dies kommt leider sehr oft vor. Dann wird der lebende Partner möglicherweise Schwierigkeiten haben, einen neuen Gefährten zu finden oder, wenn er noch einmal heiraten und eine neue Familie gründen will, treten ohne ersichtlichen Grund Probleme zwischen den neuen Ehepartnern auf. Haben aber die Seelen der Verstorbenen Verständnis für die lebenden Menschen, dann werden derartige Verstrickungen nicht vorkommen.

John ist ein junger Mann aus San Francisco. Seit ein paar Jahren wurde er ohne ersichtlichen Grund körperlich immer schwächer. Zwischen ihm und seiner Frau gab es außerdem bereits einige Disharmonien, sodass seine Frau es vorzog, erst einmal nach Los Angeles zu gehen.

Letian Shi Fu entdeckte bei John zu Hause eine seelische Information, die ihre Hand immer auf seine Schulter legte. Durch Gedankenübertragung erfuhr Shi Fu, dass dies die Seele einer ehemaligen Freundin von John war, die infolge ihrer Drogensucht gestorben war. Während ihres Lebens hatte sie John sehr geliebt und hing nach ihrem Tod immer noch an ihm.

Shi Fu fragte John, ob er je so eine Freundin gehabt habe.

Er sagte: »Ja, das war meine Freundin in der Schulzeit.«

Shi Fu: »Wo ist sie jetzt?«

John: »Weiß ich nicht. Ich habe schon lange keinen Kontakt mehr mit ihr.«

Shi Fu: »Sie ist tot. Hast du das gewusst?«

John: »Nein, aber es ist durchaus möglich, weil sie drogenabhängig war.«

Seit ihrer Schulzeit hatten sie sich geliebt, und weil die Freundin süchtig war, hatte er sie verlassen.

Shi Fu: »Sie ist noch jetzt bei dir zu Hause in deinem Zimmer.«

»Das ist SIE!« John war sehr überrascht. »Seit ein paar Jahren sehe ich immer eine weibliche Hand, die auf meiner Schulter liegt.«

»Sie« war seine verstorbene Freundin, die an ihrer Liebe festhielt und zu ihm zurückgekommen war.

Letian Shi Fu unterhielt sich durch Gedankenübertragung mit der Seele und bat sie wegzugehen. Aber sie war damit nicht einverstanden und sagte, sie liebe John noch immer. Wir fragten John, was wir tun sollten. Er meinte, Shi Fu möge versuchen, ihr Herz zu erweichen. Dieser regulierte dann mit sehr viel Licht und Liebe diese arme Seele und half ihr, eine neue Heimstatt zu finden. John kamen vor Rührung die Tränen. Nachdem die seelische Information ihn verlassen hatte, kam seine Frau unerwartet aus Los Angeles zurück. Es war, als hätte sie ein Signal empfangen. Seitdem lebt das Ehepaar wieder in Harmonie miteinander.

Das ist nur ein Beispiel, in dem ein Ehepaar bisher in Harmonie miteinander lebte und irgendwann ein »unsichtbarer Dritter« hinzukommt, wodurch die Beziehung dann unvermeidbar schwierig wird. In Johns Fall floss seine Lebensenergie unbemerkt zu dieser seelischen Information, und sein Gesundheitszustand verschlechterte sich ständig.

Ähnlich verhält es sich auch, wenn eine neue Liebe kommen will, die alte Liebe ihr aber keinen Platz macht.

Die fesselnden Ketten des Hasses

Der amerikanische Arzt Dr. Carl Wickland (1862–1937) berichtet in seinem Buch »Dreißig Jahre unter den Toten«[14] *von Herrn P., der sich plötzlich eigenartig und ungehörig benahm und sehr reizbar und herrisch wurde. Die Seele eines Verstorbenen hatte sich an Herrn P. geheftet. Der Arzt fragte durch ein Medium diese Seele, warum sie ihn besetzt habe. Sie meinte, »Herr P. mache seiner Frau den Hof und dafür habe er Rache nehmen wollen«. Die Seele des Verstorbenen hatte nämlich herausgefunden, dass Herr P. und seine Frau zu seinen Lebzeiten ein Verhältnis miteinander hatten. Das sollte nicht ungesühnt bleiben.*

Wie gut unser Verhältnis zu anderen Menschen ist, hängt von der Beziehung zwischen unseren Seelen ab. Ist die Beziehung durch karmische Schulden in früheren Leben belastet, wird dies zwangsläufig zu Problemen in unseren jetzigen Beziehungen führen. Dies betrifft heutzutage auch viele Liebesbeziehungen.

Wenn sich in einer bereits karmisch belasteten Beziehung Hass entwickelt, werden die seelischen Verstrickungen immer größer. Jeder hat sicher schon einmal einen schlimmen Streit beobachtet oder von einem gehört, bei dem keine Seite nachgeben konnte und das Streitpotenzial immer größer wurde, bis die Betreffenden wie blind waren vor Wut und Rachegedanken. Ähnlich kann sich das Verhältnis von zwei Seelen über mehrere Inkarnationen hinweg immer mehr zuspitzen. Wenn eine Seele der Meinung ist, ihr sei in früheren Leben geschadet worden, so will sie dem Widersacher ebenfalls Schwierigkeiten bereiten.

Wenn dies während der Lebzeiten nicht stattfindet, kann es sein, dass die Seele nach dem Tod auf die Suche geht, um ihren »Feind« zu finden und Vergeltung zu üben. Solche unaufgelösten Verstrickungen können einerseits bei den Lebenden viele Verletzungen hinterlassen, andererseits finden dadurch auch die Seelen der Verstorbenen keinen guten Weg. Im schlimmsten Fall wird dieser Teufelskreis von einem Leben in das nächste und von einer Generation zur nächsten weitergetragen. Um einen Ausweg aus dieser Situation zu finden, sollten sich sowohl die Lebenden als auch die Seelen der Verstorbenen unbedingt in Liebe, Toleranz und schließlich in Vergebung üben.

Während meiner Arbeit habe ich erkannt, dass Wut, Ärger, Neid und Rachsucht die häufigsten Gründe dafür sind, dass eine fremde Seele uns aufsucht. Ich habe unzählige Fälle erlebt, in denen die seelischen Informationen von verhängnisvollen Vergeltungswünschen geleitet wurden. Für die Betroffenen waren es jedes Mal sehr leidvolle Erfahrungen, da die Störungen und Schäden der Informationskrankheiten durch Hass- und Rachegefühle wesentlich massiver werden.

Durch meine Fähigkeiten habe ich jedoch auch die Möglichkeit, nach den Ursachen zu forschen, die hinter dem Leid liegen. Mir wurde durch diese Arbeit das Prinzip vom Karma sehr klar vor Augen geführt. Für jede Wirkung, die wir jetzt erleben, haben wir einst selbst den Grundstein gelegt. Ich begriff, dass die tieferen Ursachen für solche gravierenden Störungen immer in unseren eigenen karmischen Schulden liegen, die wir oder unsere Vorfahren mit dieser Seele noch nicht gelöst haben. Mit dieser Erkenntnis wuchs auch mein Mitgefühl den fremden Seelen gegenüber.

Die folgenden Beispiele verdeutlichen, wie ungerechte oder negative Taten in der Vergangenheit zu Störungen durch Fremdseelen führen können, die wiederum schwere Krankheiten und großes Leid für die »Besetzten« hervorrufen können.

Seit vier Generationen in Leid verstrickt

Im September 2003, bei einer Energieübertragung mit Letian Shi Fu in Berlin, untersuchten wir die Krankheitsursachen einer unbekannten Frau. Früher führten wir bei größeren Veranstaltungen manchmal Untersuchungen mit unbekannten Menschen durch, damit die Seminarteilnehmer im Westen die seelischen Informationskrankheiten kennen lernen und verstehen konnten. Die Voraussetzung war, dass wir die jeweilige Person nicht kannten und diese sich dazu bereit erklärte, dass die Ergebnisse im Nachhinein vor dem Publikum bekannt gemacht werden würden. Bei dieser Veranstaltung habe ich die Krankheitsursachen eines Leids, dessen Ursprung mehr als vier Generationen zurücklag, entschlüsseln können.

Frau H., die an der Grenze zwischen Deutschland und Holland wohnt, erklärte sich dazu bereit, dass wir mit unseren übersinnlichen Fähigkeiten die Ursachen ihrer Krankheiten untersuchten und für das Publikum darlegten. Sie war eine große, schlanke und gebildete Frau um die 50, mit einem vornehmen Äußeren. Die Frau bestätigte, dass wir uns hier zum ersten Mal trafen und dass ich vorher nichts über sie wissen konnte.

Nachdem Frau H. uns ihren Namen und ihr Geburtsdatum genannt hatte, begann ich, die verschiedenen Informa-

tionen über sie aufzunehmen. All ihre Erkrankungen wurden von mir richtig benannt. Anschließend untersuchte ich die Ursache ihrer Beschwerden.

Mittels des Himmlischen Auges erfuhr ich, dass ihre Vorfahren aus einer großen Familie stammten. Vor vier Generationen hatte ihre Familie einer Frau großes Unrecht angetan, sodass diese schließlich Selbstmord beging, indem sie in den Fluss sprang. Seitdem klagt die Seele der Verstorbenen über das erlittene Unrecht, findet keine Ruhe und hält die Familie besetzt.

Frau H. bestätigte diese Ergebnisse. Ihre Vorfahren gehören einer großen Adelsfamilie an. Ein junger Mann aus der Familie hatte sich damals in eine Magd verliebt, und diese Beziehung wurde nicht geduldet. Seine Familie habe die junge Magd so stark unter Druck gesetzt, dass sie keinen anderen Ausweg als den Freitod mehr sah. Diese Liebestragödie spielte sich vor mehr als 100 Jahren ab. Doch die Klage der Seele über die ungerechte Behandlung durchbrach jetzt Zeit und Raum und fand nun im 21. Jahrhundert Gehör. Im Veranstaltungsraum bewegten der Hass und die hilflose Trauer dieser Seele alle Teilnehmer. Vielen Menschen standen Tränen in den Augen.

Die weitere Arbeit bezog sich nun darauf, dieser Seele zu helfen, ihr aufgebrachtes Qi zu beruhigen und zu regulieren. Sie war eine zutiefst verletzte Seele, die in ihrem Leben sehr viel Leid erfahren hatte. Auch nach dem Selbstmord fand sie keine Ruhe. Letian Shi Fu bat alle Teilnehmer der Veranstaltung, der Seele Liebe zu schicken, um gemeinsam die Wunden dieser Seele zu heilen, die so viel Unrecht erlitten hatte, und ihr stärkende Energie zu schicken, damit sie Ruhe und Frieden finden könne. Ich war tief berührt, als ich wahrnahm, wie die über 200 Teilnehmer aus ganzem Herzen ihre

Liebe aussandten. Letian Shi Fu verwandelte diese Liebe in ein starkes, einheitliches Energiefeld und übertrug es auf die Seele der verstorbenen Frau.

Endlich wurde die 100jährige Verletzung geheilt! Die Seele wurde erlöst und erhielt ein neues Zuhause. In diesem Moment konnte ich sehen, wie Frau H. eine rosige Gesichtsfarbe bekam. Sie fühlte sich wie befreit und sagte: »Ich fühle mich plötzlich leichter, so als ob eine schwere Last von meinem Körper genommen worden ist. Ich bin wie neu geboren!«

Wie kann man ein leichtes Leben führen, wenn man eine fremde Seele bei sich trägt, die solch ein großes Unrecht erlitten hat?

Einen Monat später erhielten wir eines Dankesbrief vom Ehemann der Frau H., in dem er die Veränderungen seiner Frau seit dem Verlassen der Fremdseele beschrieb. Seine Frau sei immer sehr nett zu ihm gewesen, aber seit mehreren Jahren hätte sie nur ungern sexuelle Begegnungen mit ihm zugelassen. Seit der Regulierung habe sich seine Ehefrau jedoch völlig verändert. Sie ist leichter und fröhlicher geworden. Auch die sexuellen Probleme hätten sich gelöst. Heute sind die beiden so glücklich wie ein frisch vermähltes Paar. Außerdem erfuhren wir, dass die Mutter von Frau H., die unter Alzheimer litt, jetzt wieder normal denken könne. Die Heilung war in dem Moment eingetreten, als seine Frau von Berlin nach Hause zurückkehrte. Das sei ein großes zusätzliches Glück, das sie nicht erwartet hätten.

So hatte eine Seele, die ungerecht behandelt worden war und daran zu Grunde ging, einer Familie über vier Generationen bitteres Leid gebracht.

Rache unter Geschwistern

Herr Zhu Chenlin, ein Theaterkritiker, erkrankte an Myasthenia gravis. In der Schulmedizin gilt dies als schwere, unheilbare Krankheit. Die Ärzte hatten der Familie mitgeteilt, dass er in Lebensgefahr sei und die Familie die Bestattung vorbereiten solle. Herr Zhu war sich seiner bedrohlichen Situation durchaus bewusst. Er sah dem Tod jedoch ruhig und gelassen entgegen und hatte bereits sein Testament geschrieben.

Damals lebte ich noch in China, aber im Sommer desselben Jahres wurde ich nach Deutschland eingeladen. Vor meiner Abreise habe ich Herrn Zhu in einem der besten Krankenhäuser in Shanghai besucht. Es ging ihm sehr schlecht, er konnte kaum schlucken, und der Speichel floss ihm aus den Mundwinkeln. Er sprach sehr undeutlich, und seine Augenlider waren herabgesunken. Ich regulierte ihn mit Energie, aber die Wirkung war gering. Sobald ich in Berlin angekommen war, telefonierte ich mit Letian Shi Fu, der sich gerade in den USA aufhielt, um die Krankheitsursache herauszufinden.

In meinem Himmlischen Auge sah ich folgende Bilder: Herr Zhu saß in seinem Zimmer zuhause an einem Tisch und schrieb. Langsam näherte sich ihm ein dunkler Schatten, der schließlich an seinem Arm kleben blieb. Zuerst dachte ich, der Schatten würde ihm beim Schreiben helfen. Aber Shi Fu sagte zu mir: »Das kann nicht stimmen, schau weiter. Hilft oder schadet ihm der Schatten?« Ich beobachtete weiter, und auf einmal wurde klar, dass der Schatten ihm schadete. Während er am Arm klebte, verlor Herr Zhu an Kraft. Ich fand heraus, dass der Schatten die Seele seiner verstorbenen Schwester war, mit der er früher Ärger gehabt hatte.

Shi Fu sprach die Fremdseele in Himmlischer Sprache an – in der Hoffnung, dass sie die unglückliche Erinnerung loslassen möge. Er bat sie wegzugehen, wenn nicht, würde dies für beide Seiten ungünstig sein. Nach dieser von Herzen kommenden Rede war die Seele tatsächlich einverstanden zu gehen.

Herr Zhu war zu der Zeit noch im Krankenhaus in Shanghai, und wir konnten deshalb keinen Kontakt zu ihm aufnehmen. Letian Shi Fu sandte ein Fax zu einem Bekannten in Shanghai, der es an Herrn Zhu übergab. Nach dem Lesen des Faxes ließ Herr Zhu ausrichten, dass die Ergebnisse der Untersuchung richtig seien. Letian Shi Fu schrieb ihm, wie er sich in Zukunft bei derartigen Beziehungen verhalten solle: »Was die anderen Menschen dir Gutes getan haben, das sollst du im Herzen behalten. Das, was sie dir an Schlechtem getan haben, sollst du vergessen. Du darfst deine Schwester auf keinem Fall hassen, sondern sollst ihr vergeben und wünschen, dass ihre Seele eine gute Zukunft bekommen wird.« Außerdem solle Herr Zhu täglich Qi Gong-Übungen praktizieren und sich mit der kosmischen Energie verbinden. Herr Zhu befolgte diese Ratschläge sorgfältig. Kurz darauf konnte er das Krankenhaus verlassen.

Ein halbes Jahr später ließ er sich noch einmal im Krankenhaus untersuchen. Die Ärzte konnten es nicht fassen, dass der Patient, der bereits im Sterben gelegen hatte, jetzt so vital und lebensfreudig war.

Wenn der Tod zu plötzlich kommt

Bei meiner Arbeit mit den Fremdseelen konnte ich noch eine weitere Gruppe identifizieren. Mir begegneten viele Seelen, die selbst noch ganz traumatisiert von ihrem eigenen Tod waren. Sie starben zu jung, zu grausam oder zu plötzlich, als dass sie die großen transformativen Prozesse des Sterbens hätten bewältigen können. Sie waren seelisch nicht auf ihren Tod vorbereitet. Dies geschieht zum Beispiel, wenn eine Person durch ein schlagartiges Unglück stirbt – sei es im Krieg, bei einer Naturkatastrophe oder bei einem Verkehrsunfall. Besonders schlimmes Leid, wie es ein Mensch beim Erfrieren, Verhungern oder Ertrinken erfährt, oder auch durch Mord oder in Folge großen Unrechts, macht es den Seelen ebenfalls schwer, ihren Weg zu ihrer neuen Heimstatt zu finden. Auch Fehlgeburten, Abtreibungen oder ein früher Tod in der Kinder- oder Jugendzeit, der urplötzlich und ohne die Möglichkeit einer Vorbereitung hereinbricht, erschweren den Übergang in das neue Leben.

Diese verunglückten, »obdachlosen« Seelen brauchen noch Unterstützung und suchen diese manchmal bei ihren Familien. Dort versuchen sie auf ihre Weise zu übermitteln, welche Hilfe sie wünschen. Bei der Mehrzahl der Menschen ist die Verbindung zwischen Körper und Seele jedoch blockiert, sehr schwach oder sie besteht nicht mehr. Das heißt, sie können weder die Wünsche ihrer eigenen Seele, noch die Mitteilungsversuche der fremden Seelen wahrnehmen. Die meisten Menschen unserer Zeit sind zu sehr mit ihren alltäglichen Angelegenheiten in der Yang-Welt beschäftigt und selbst wenn sie ihrer Verstorbenen gedenken, so sind doch nur die wenigsten in der Lage, deren seelische Bedürfnisse auch wirklich wahrzunehmen. Es gibt deshalb äußerst wenige, die sich um die Nöte der Seelen, die ihren physischen Körper verloren haben, kümmern können. Ungeachtet dessen suchen die Seelen der Verstorbenen oft eine Möglichkeit, sich ihren Familien zu nähern und zu ihnen Kontakt aufnehmen, zum Beispiel durch einen Traum.

Es gibt überall auf der Welt Menschen mit übersinnlichen Fähigkeiten. Sie wurden damit geboren, haben sie durch Qi Gong-Praxis oder auch durch die Übungen anderer spirituelle Schulen entwickelt. Wenn die Bedingungen dafür vorhanden sind, können sie in einen bestimmten Zustand eintreten und Kontakt mit den Seelen der Verstorbenen aufnehmen. Allerdings gibt es nur sehr wenige Menschen, die neben diesen Fähigkeiten auch die entsprechende Kraft haben, diesen Seelen zu helfen.

Wenn der Tod sie ohne großes Leid ereilt, nehmen manche Seelen gar nicht wahr, dass ihr Körper nun tot ist. Dies geschieht besonders dann, wenn der Mensch falsche Vorstellungen über den Tod hatte und zum Beispiel dachte, dass nach dem Tod alles aus sei und dann verwundert feststellt, dass er immer noch da ist. Andere Seelen wissen sehr wohl, dass ihr Körper nicht mehr existiert, weigern sich aber, diese Wahrheit zu akzeptieren.

Ein letzter Wunsch

Wenn jemand plötzlich stirbt, ohne sich darauf vorbereiten zu können, so geschieht es häufig, dass wichtige Dinge vor dem Tod noch unerledigt bleiben. In solchen Fällen kann die Seele nach dem Tod nach Hause gehen, um den Angehörigen das Unvollendete mitzuteilen.

Die Ehefrau eines Botschafters aus einem europäischen Land hatte bei einer Qi Gong-Übung oftmals einen dunklen Schatten gesehen. Sie wusste nicht, wer es war und machte sich Sorgen. Meine Schwester Tianping fand bei der Untersuchung heraus, dass es die Seele ihres verstorbenen Großvaters war. Er hielt ein altes Buch mit einem Stammbaum in der Hand und wollte es ihr übergeben. Die Frau war sehr überrascht und sagte: »Ach so ist das! Letzte Woche habe ich meinen Vater angerufen und nach dem Stammbuch gefragt. Ich wollte es ordnen.« Die Seele des Großvaters war nämlich sehr beunruhigt, weil das Stammbuch bei seinem Sohn war, zu dem er nur wenig Vertrauen hatte. Er meinte, es sei bei der Enkeltochter viel besser aufgehoben und sie könne es besser ordnen, weswegen er sie aufsuchte. Die Enkelin erklärte sich sofort bereit, diese Aufgabe zu übernehmen. Seitdem ließ die Seele des Großvaters sie in Ruhe.

Seelen der Kinder einer abgebrochenen Schwangerschaft

Das Leben beginnt im Mutterleib. Bei der Befruchtung erhält die Urseele bereits die Information, wohin sie bald gehen wird und wartet dann nur noch auf den Zeitpunkt. Nach Ablauf der ersten drei Monate ist es dann meistens soweit, und die Seele tritt in den Körper ein. Ein Schwangerschaftsabbruch bedeutet, dass der Kinderseele vorerst die Möglichkeit einer Wiedergeburt genommen wird, ganz unabhängig davon, wie es dazu gekommen ist, sei es durch eine Fehlgeburt oder durch die bewusste Entscheidung der Eltern.

Nach der Entfernung des Fötus kann die Seele, die nun ihren Körper verlassen hat, durchaus in einem anderen Körper bei anderen Eltern wiedergeboren werden. Es geschieht jedoch manchmal, dass die Seele des Kindes im Leib der Mutter bleibt oder zu einer wandelnden Seele wird. Manchen Seelen, die schon lange Zeit auf die Chance ihrer Inkarnation gewartet hatten, wurde diese Möglichkeit durch den Schwangerschaftsabbruch vorerst wieder genommen. Das bedeutet für sie großes Leid, weshalb sie oft sehr traurig oder wütend sind. Wenn eine Kinderseele nach einer Abtreibung bei der Mutter bleibt, kann sie die Mutter oder sogar die ganze Familie stören, und dies kann zu Depressionen oder anderen Belastungen führen. Die Kinderseelen halten sich in diesen Fällen häufig in der Brust oder in der Gebärmutter der Mutter auf und rufen in diesen Körperteilen Störungen hervor. Nicht selten entstehen dort mit der Zeit Myome, Knoten oder Zysten.

Bei einer Energieübertragung im Juli 2004 sahen wir mit dem Himmlischen Auge hinter einer Frau den Schatten eines

Babys. Wir sahen, dass die Frau Erkrankungen in der Gebärmutter und in der Brust gehabt hatte. Auf unsere Frage hin bestätigte sie dies.

Nicht alle Seelen von abgetriebenen Kindern bleiben nach dem Schwangerschaftsabbruch bei der Mutter. Manche lassen recht bald los, andere bleiben weiterhin in der Nähe. Letzteres kann für die Familie sehr ungünstig sein, wenn die Kinderseelen mit Eifersucht auf ihre späteren Geschwister reagieren und diese besetzen.

Der ungeborene große Bruder

Xia machte sich große Sorgen um ihre siebenjährige Tochter. Das Kind hatte seit einiger Zeit oft Albträume. Eines Morgens sagte sie mit einem seltsamen Gesichtsausdruck: »Mein großer Bruder steht an der Tür, kommt aber nicht rein. Er hat nichts an und friert sehr. Er schaut mich ganz böse an.« Xia sprach mit mir über diese Situation. Ich fragte Xia, ob sie vor der Geburt ihrer Tochter eine Schwangerschaft abgebrochen habe und ob es ein Junge gewesen sei. Sie bestätigte dies, sagte aber, dass sie ihrer Tochter nie davon erzählt habe. Ich erklärte, dass der Yang-Körper der Tochter das nicht wisse, dass aber der Seelenkörper mit der Bruderseele Kontakt aufgenommen habe. Die Jungenseele war sehr unglücklich, dass sie nicht bei Xia wiedergeboren werden konnte. Der Junge wurde eifersüchtig auf seine Schwester, die von den Eltern sehr geliebt und verwöhnt wurde.

Warum kam die Jungenseele ausgerechnet nachts? Nun, tagsüber ist die Yang-Energie stark, und wir Menschen sind in dieser Zeit sehr aktiv. Nachts ist dagegen die Yin-Energie stark, was die aktive Zeit für die Seelen von Verstorbenen ist. Seit unserer Regulierung hatte das Mädchen keine Albträume mehr.

Fremde Seelen kommen, um zu warnen

Manche Seelen kommen nur für kurze Zeit – zum Schutz ihrer Liebsten. Um vor Unheil zu warnen, zu helfen oder um zu erziehen. Diese Seelen sind allerdings nicht mit den Lebenden verstrickt. Sie kommen aus einer anderen Dimension und gehen wieder, wenn ihre Mission beendet ist.

Warum Angst vor Fahrradfahren?

Im Mai 2002 veranstalteten wir in Berlin eine Tian Gong-Vorführung. Bei der Energieübertragung gegen Schmerzen spürten viele Teilnehmer, dass ihre Schmerzen plötzlich nicht mehr da waren. Bei anderen Teilnehmern waren sie deutlich weniger geworden. Drei Teilnehmer hatten keine Veränderungen bemerkt. Bei ihnen führten wir mit dem Himmlischen Auge eine Untersuchung durch. Einer der drei Teilnehmer kam aus Südamerika, war über vierzig Jahre alt und hieß Jack. Ich kannte ihn vorher nicht und wusste nichts über ihn. Mein Arbeitsablauf war, wie erwähnt, häufig so, dass ich zunächst mit dem Himmlischen Auge die Informationen über den Gesundheitszustand und den Charakter aufnahm. Zum Zweiten untersuchte ich die Ursache der Erkrankungen oder Probleme. So ging ich auch dieses Mal vor.

Ich empfing Informationen über Jack und fragte nach: »Frieren Sie leicht?«

Jack: »Ja!«

Ich: »Fühlen Sie sich oft kraftlos? Haben Sie Stress, sind Sie angespannt und ängstlich?«

Jack: »Ja!«

Ich: »Haben Sie ein schlechtes Gedächtnis?«

Jack: »Ja!«

Ich: »Trauen Sie sich nicht, Auto zu fahren?«

Jack: »Ja! Ich habe sogar Angst, Fahrrad zu fahren.«

Ich: »Als Sie klein waren, ist jemand in Ihrer Familie an einem Autounfall gestorben?«

Jack: »Es gab einen Autounfall, aber nicht mit tödlichen Folgen.«

Mir wurde durch die Untersuchung klar, dass die Seele eines verstorbenen Familienangehörigen bei ihm geblieben war. Da diese Person unerwartet bei einem Autounfall verunglückt war, ihre Seele jedoch noch keine neue Heimstatt gefunden hatte und sich um die Sicherheit der Familie sehr sorgte, kam sie nach Hause, um die Familie davor zu warnen, mit dem Auto zu fahren! Weil Jacks Gedächtnis schlechter geworden war, konnte er sich offenbar nicht mehr daran erinnern. Ich war mir aber sicher, dass die Bilder, die ich gesehen hatte, korrekt waren.

In der Pause fiel es Jack dann ein, dass sein Großvater bei einem Autounfall gestorben war, als er vier Jahre alt war.

»Mein Kind, ich tue das, weil ich dich sehr lieb habe.«

Als wir im Herbst 2004 von einem Kurs aus Spanien zurückkehrten, lag auf meinem Schreibtisch ein Fax aus Hamburg. Ein Arzt bat uns um Hilfe in der Hoffnung, dass wir mit den Tian Gong-Methoden einer seiner Patientinnen helfen könnten, die an schwerer Schlaflosigkeit litt.

Herr Schmidt ist ein erfolgreicher Arzt mit gutem Ruf. Er kann einfühlsam auf seine Patienten eingehen und trifft seine Entscheidungen stets sehr verantwortungsbewusst. Er wandte sich an uns, weil einige seiner Patienten, die schwer erkrankt waren, durch Tian Gong-Übungen gesund gewor-

den sind. In seinem fast dreißigjährigen Berufsleben als Arzt hatte er eine Vielzahl von Patienten, für deren Beschwerden er keine Diagnose stellen konnte. Bei manchen Patienten gab er zwar eine Diagnose, doch die Medikamente halfen nicht. Andere Patienten wurden gesund, hatten aber häufig Rückfälle. Vor einem Jahr hatte er drei Patienten, die an Schlaflosigkeit litten und alle Suizid begingen. Diese Häufung der Geschehnisse brachte den Arzt zum Nachdenken. Die Schulmedizin hat ihre Grenzen, und es sind noch viele Rätsel ungelöst. Herr Schmidt überlegte, ob es wohl noch andere Methoden gäbe, die seine Patienten von ihrem Leid befreien könnten. Während er sich damit intensiv auseinandersetzte, lernte er auf Empfehlung eines Naturheilpraktikerpaares das Tian Gong-Institut kennen.

Aus Neugierde und Forschergeist, aber mehr noch aus Verantwortung gegenüber seinen Patienten, riskierte er seinen langjährigen guten Ruf und empfahl seine schwerkranken Patienten an uns weiter. Die positiven Rückmeldungen stärkten sein Vertrauen in unsere Arbeit.

Wir trafen seine Patientin, um die es in seinem Schreiben ging, zu einer Einzelsitzung. Sie war eine mittelgroße, etwa vierzigjährige Frau.

Die Patientin berichtete, dass sie seit eineinhalb Jahren oft nicht schlafen konnte, manchmal sogar zwei bis drei Tage hintereinander nicht. Kein Schlafmittel habe geholfen. Es sei auch vorgekommen, dass sie ein oder zwei Nächte gut geschlafen habe und danach ein paar Tage lang wieder nicht. Diese Phasen hätten sich wiederholt, und der Arzt hatte keine Ursache gefunden.

Meine Schwester Tianping und ich untersuchten sie mit dem Himmlischen Auge und entdeckten hinter ihr eine weibliche seelische Information, die ein bisschen kleiner und etwas dicker als die Patientin selbst war. Mit meinen Gedanken fragte ich die seelische Information:

»Bitte, wer sind Sie?«

»Ich bin ihre Mutter!«, antwortete die seelische Information mit ihren Gedanken auf meine Frage.

Ich fragte die Patientin: »Wie geht es Ihrer Mutter?«

»Sie ist gestorben, als ich sechzehn Jahre alt war.«

Wir beschrieben das Aussehen ihrer Mutter und dass sie ein guter und netter Mensch gewesen war. Die Patientin bestätigte all dies.

Die Bilder in unserem Himmlischen Auge zeigten jedoch, dass ihre Mutter mit einem Gegenstand in der Hand ins Herz ihrer Tochter stieß. Das Bild war schwer zu interpretieren.

Ich fragte sie: »Wie geht es Ihrem Herzen? Haben Sie da manchmal Schmerzen?«

Patientin: »Ja, nachts. Besonders in den schlaflosen Nächten habe ich Herzschmerzen.«

Warum verletzte eine nette, liebevolle Mutter ihre Tochter auf diese Art? Was war geschehen, dass sich die Seele der verstorbenen Mutter dermaßen über die Tochter empörte?

Ich fragte sie: »Haben Sie vor eineinhalb Jahren etwas getan, das nicht recht war?«

Sie gestand: »Ja. Vor eineinhalb Jahren war ich in einen anderen Mann verliebt. Obwohl ich jetzt von ihm getrennt bin, hat dies meinen Mann sehr tief verletzt, sodass es ihm heute immer noch nicht gut geht.«

Wir erklärten ihr, dass die Schlaflosigkeit und die Herzschmerzen durch die Seele ihrer verstorbenen Mutter verursacht wurden. Weil die Mutter mit dem Verhalten der Tochter unzufrieden war, kam sie zu ihr und hoffte dadurch, dass die Tochter ihre Fehler korrigieren würde.

Da begann sie zu weinen: »Mutter, bitte störe mich nicht mehr!«

»Mein Kind, ich störe dich nicht, ich habe dich nur lieb. Du sollst den rechten Weg gehen.« Das von der Mutterseele Gesagte übermittelten wir der Tochter, und dieser wurde jetzt vieles klar.

Unter Tränen erwiderte sie: »Bitte verzeih mir, Mutter! Ich weiß, es war falsch.«

Die Seele der Mutter sagte daraufhin: »Ich will doch nur, dass du ein guter Mensch bist. Dann werde ich beruhigt sein.«

Die Tochter wurde noch trauriger und schluchzte heftig. Dann sagte sie: »Ich verspreche dir, dass ich mich bemühe, ein guter Mensch zu werden. Ganz bestimmt! Bitte, beruhige dich!«

Nach diesem berührenden Dialog verließ die Seele der Mutter ihre Tochter.

Die Patientin spürte sofort innere Ruhe und Frieden in sich. Sie erzählte uns, dass ihre Mutter ein sehr traditioneller, aufrichtiger Mensch gewesen war. Die Mutter habe sie sehr geliebt, sie sei aber auch sehr streng mit ihr gewesen. Dass die Mutter sich empört habe, passe zu ihrem Charakter.

Nach einem Monat schickte uns die Patientin eine E-Mail, in der sie sich für unsere Arbeit bedankte. Sie konnte jetzt nicht nur gut schlafen, sie hatte auch innere Ruhe und Frieden gefunden und außerdem ihr schlechtes Gewissen überwinden können.

SEELEN ANDERER LEBEWESEN

Alle lebenden Wesen haben eine unsterbliche Seele. Während meiner über zehnjährigen Erfahrung mit der Regulierung der Fremdseelen habe ich häufig erlebt, dass Seelen anderer Lebewesen Menschen besetzen. Häufig sind es Tierseelen, die zu den Menschen kommen. Hierfür gibt es, wie bei den menschlichen seelischen Informationen, zwei Hauptgründe: entweder sind es Haustiere, die aus Liebe bei ihren ehemaligen Herren bleiben, oder es sind Tiere, die getötet wurden und sich nun rächen wollen. Auch Seelen von Pflanzen können zu seelischen Fremdinformationen werden. Meist sind dies Pflanzen mit alten, starken Seelen – vor allem Bäume.

Immer häufiger ist uns in den letzten Jahren ein anderes Phänomen begegnet, nämlich die Besetzungen durch andere Arten von Geistwesen. Solche Wesen rufen auch etwas andere Störungen hervor, und die Regulierung und Heilung ist häufig ein längerer Prozess. Dieses Phänomen ist nicht das Hauptthema dieses Buches, daher wird hier auch nicht sehr ausführlich darauf eingegangen.

Fremdseelen verstorbener Tiere

Wie eben erwähnt sind die Störungen, die durch tierische Seelen hervorgerufen werden, häufig die Seelen ehemaliger Haustiere. Die Bindung der Menschen zu ihren Haustieren ist meistens sehr eng. Manche Menschen lieben ihr Haustier so sehr, dass sie es nach dem Tod nicht loslassen können und gern weiter in ihrer Nähe wissen wollen. Diese klammernde, begrenzte Form der Liebe verursacht aber viel Leid. In vielen westlichen Ländern ist es Sitte, das tote Tier im eigenen Garten zu begraben. Bei so großer Nähe kann es passieren, dass die Tierseelen ihren gewöhnlichen Platz im Haus nach dem Tod weiter beanspruchen, was dazu führt, dass die Menschen mit den Seelen der toten Tiere unter einem Dach wohnen.

Das Qi eines Tieres ist sehr viel ungeordneter als das Qi eines Menschen. Wenn sich in einem Haus eine gewisse Menge an unruhigem Qi anhäuft, kann das zum einen die Gesundheit der Bewohner beeinträchtigen, und zum anderen kann es auch Unruhe, Aufregung und Disharmonie hervorrufen. Es kommt so leichter zum Streit.

Eine Schauspielerin aus Berlin berichtete mir, dass die Familie ihrer Schwester immer unausgeglichen sei und es häufig Streit gebe. Sie zeigte mir den Grundriss des Hauses ihrer Schwester. Mit dem Himmlischen Auge fand ich heraus, dass im Garten sechs bis sieben Tiere begraben waren: Hund, Katze, Kaninchen, Vogel und noch andere. Die Frau war überrascht und bestätigte meine Wahrnehmung.

Wir empfehlen immer, ein Tier nach seinem Tod nicht im eigenen Garten zu begraben, sondern auf dem freien Land, damit es der Natur wieder zurückgegeben werden kann.

Der Hund, der den Schoß seinen Herrchens nicht verlassen wollte

Wenn sich die Seele eines verstorbenen Tieres an einem Menschenkörper anhaftet, können leicht Schmerzen entstehen. Im folgenden Fall wollte ein Schoßhündchen nicht gehen:

Im Sommer 2004 fand ein Tian Gong-Seminar für Informationskrankheiten in Berlin statt. Ein Ehepaar aus Norddeutschland, beide Heilpraktiker, war zu Besuch. Die Ehefrau glaubte an die Möglichkeit der Störungen von Fremdinformationen, der Mann dagegen war eher skeptisch. Er hatte vor über zehn Monaten an seinem Kniegelenk plötzlich Schwellungen, Rötungen und Schmerzen bekommen. Verschiedene Ärzte und Therapeuten fanden keine Ursachen.

Während des Seminars sah Tianping mit dem Himmlischen Auge einen kleinen Hund mit weißem Fell, der auf dem Schoß des Mannes saß. Sie fragte nach, ob sein Hund gestorben sei. Der Mann nickte, und es kam heraus, dass er den Hund im Garten begraben hatte. Tianping fragte, ob der Mann diesen Hund sehr geliebt habe. »Ja«, antwortete er. Ob der Hund oft auf seinem Schoß gelegen habe? »Ja.« Ob der Hund weißes Fell gehabt habe? Dies wurde ebenfalls bestätigt.

Dadurch dass die Beziehung zwischen Mann und Hund so eng gewesen war, wollte die Hundeseele weiterhin auf dem Schoß des Herrchens bleiben – so wie zu Lebzeiten. Die Hundeseele wollte dem Mann aber natürlich nicht schaden. Doch die Energiequalität des Hundes hatte sich nach dem Tod verändert. Weil die Hundeseele sich häufig an der gleichen Körperstelle aufhielt, wurde der normale Energiefluss an dieser Stelle allmählich beeinträchtigt, sodass die positive Energie des Herrchens immer schwächer wurde. Nach einiger Zeit bildete sich ein Qi-Stau im Körper und so entstanden Schmerzen und pathologische Veränderungen.

Im Seminar führte Letian Shi Fu eine Gruppenregulierung durch, und die Seele des Hundes bekam eine neue Heimstatt. Bereits auf der Heimfahrt waren die Knieschmerzen des Mannes verschwunden. Nach einer Woche gingen auch die Schwellungen zurück, ohne Einnahme von Medikamenten. Ein Monat später kam er mit seiner Frau wieder zum Tian Gong-Seminar und berichtete von seinen positiven Erfahrungen.

Wenn es ehemalige Haustiere sind, die die Menschen stören oder besetzen, sind die Informationskrankheiten für uns Qi Gong-Meister relativ leicht zu regulieren.

Wenn es darum geht, dass Tiere grundlos und unschuldig getötet worden sind, können ihre Seelen kommen, um abzurechnen. In solchen Fällen bedarf es der Mitarbeit des Betroffenen, um die Störungen zu beheben – wie die folgende Begebenheit zeigt.

Vergeltung getöteter Wespen

1999 kam ich nach einer Reise zurück nach Berlin. Zhang Zheng, ein Tian Gong-Praktizierender, holte mich vom Flughafen ab. Gleich als er mich sah, rief er froh: »Meisterin, wie gut, dass du wieder da bist! Du kannst mir helfen!« Er berichtete, dass er sehr laute Geräusche im Ohr habe und kaum noch hören könne. Anfangs war das Geräusch noch ziemlich leise, aber es werde immer schlimmer und lauter. Es sei Tag und Nacht da – »wenn mich jemand anspricht, so höre ich kaum etwas!«

Mit dem Himmlischen Auge untersuchte ich Zhang Zheng und sah mehrere hunderte Seelen verstorbener Wespen, die in seinen Ohren ein »Nest« gebaut hatten.

Ich fragte ihn, ob ihn das Geräusch an Wespen erinnere. Er sagte: »Ja, ja, ganz richtig.« Ich lachte und fragte: »Hast du viele Wespen getötet?«

Es stellte sich heraus, dass es jeden Sommer auf der Terrasse seines Restaurants viele Wespen gab. Diese störten seine Gäste sehr und dadurch auch sein Geschäft. Deshalb hatte er etwas Süßes vorbereitet, das die Wespen anlockte, damit er sie dann töten konnte.

»Kann es sein, dass es mehrere hundert Wespen waren?« Zhang Zheng antwortete besorgt: »Ich habe das Restaurant seit fünf Jahren. Sicherlich habe ich ein paar hundert Wespen getötet. Und was soll ich jetzt machen?«

»Immer wenn du deine täglichen Tian Gong-Übungen machst, sollst du dabei von Herzen um Verzeihung bitten.«

Gesagt, getan. In der ersten Woche verspürte er gar keine Veränderung. In der zweiten Woche quälten ihn die Geräusche schon weniger und in der dritten gab es eine weitere Verbesserung. Nach der vierten Woche war sein Hörvermögen wieder völlig normal. Bis heute hat er diesbezüglich keine Probleme mehr. Seitdem verbindet er sich in Gedanken mit den Wespen, wenn sich wieder welche bei seinem Restaurant aufhalten und sagt innerlich zu ihnen: »Wir werden euch nichts antun, aber wir bitten euch, nicht hierher zu kommen und die Gäste zu stören.« Und tatsächlich hat er kaum noch Probleme mit Wespen.

Zu erwähnen wäre auch, dass sich sein Restaurant in der Nähe eines Waldes befindet. Deshalb waren außer den Wespen auch Vögel oft seine »unerwünschten Gäste«. Vögel sind zwar recht lustig anzusehen, aber wenn sie von Ast zu Ast hüpfen, lassen sie mitunter etwas fallen, und die menschlichen Gäste ärgern sich über ihre beschmutzten Autos, die sie unter den Bäumen vor dem Restaurant abgestellt haben. Das war auch ein Problem für Zhang Zheng, das er lösen wollte. Nach seiner täglichen Tian Gong-Übung verband er sich also in Gedanken freundlich mit den Vögeln. Kurze Zeit später lag auf den Autos unter den Bäumen kein Vogeldreck mehr.

Diese Geschichten sollen uns etwas sehr Wichtiges lehren. Wenn die Menschen das Tao beachten und sich den Tieren gegenüber respektvoll zeigen, dann verhalten sich die Tiere genauso gegenüber uns Menschen.

Die Rache einer trächtigen Ricke

An einem Frühlingstag im Jahr 2003 rief mich die Ärztin Frau Li an und bat mich zu überprüfen, ob ein Freund, der gerade bei ihr war, an einer Informationskrankheit leide. Es handelte sich um einen Chefarzt, der seit seiner Jugendzeit an Gallenkoliken litt. Fast jede Woche hatte er einen Anfall mit extrem starken Schmerzen. Aus diesem Grund hatte er sogar Medizin studiert und war ein guter Arzt geworden, der vielen Patienten half. Nur war er nicht imstande, sich selbst zu helfen. Seine chronische Erkrankung blieb über Jahre unverändert. Frau Dr. Li konnte den Mann selbst nicht unter-

suchen, hatte jedoch das klare Gefühl, dass es sich hier um eine Störung durch eine Fremdseele handelte.

Ich wechselte in den meditativen Qi Gong-Zustand und konzentrierte mich. In meinem Himmlischen Auge sah ich den Arzt vor vielen Jahren, wie er in einem großen Haus am Waldrand wohnte. Er ist hochgewachsen und steht in einem großzügigen Wohnzimmer mit Kamin und hält ein Glas Wein in der Hand. Er verträgt nicht viel Alkohol, trinkt nur gelegentlich etwas.

Auf Chinesisch berichtete ich Frau Li von den Bildern, die von dem Freund sofort bestätigt wurden. Ich fuhr fort: »Es gibt viele Wildtiere in dem großen Wald hinter dem Haus. Er jagt ein Reh und tötet es.« Der Freund sagte, er habe ein Reh gejagt, es aber nicht getötet, sondern nur verletzt. Auf der Flucht stürzte das Reh in einen Abgrund und verendete. Er hatte mehrere Menschen gebeten, ihm zu helfen, das Reh zu finden.

Als ich mit dem Himmlischen Auge weiterforschte, bemerkte ich, dass es eine trächtige Ricke gewesen war. Das Leid des Tieres übertrug sich nun auf den Körper des Jägers. Er hatte zwei Leben auf einmal getötet. Das war die Ursache seiner Gallenkoliken, die ihn seit Jahrzehnten sehr gequält hatten und nicht geheilt werden konnten.

Durch Gedankenübertragung gab mir das Reh Folgendes zu verstehen: »Meine Schmerzen sind auch deine. Deine Schmerzen sind wie meine!«

Frau Li meinte, dass sie dem Freund, da er schulmedizinisch ausgebildet ist und diese unsichtbaren, unfassbaren Dinge möglicherweise nicht auf einmal verstehen und annehmen könne, die Zusammenhänge bei einer passenden Gelegenheit erklären würde. Einige Monate später traf Frau Li diesen Freund und fragte nach seinem Gesundheitszu-

stand. Er antwortete: »Die Schmerzen sind verschwunden.« Sie fragte: »Nach unserem Telefongespräch damals?« »Ja.« Frau Li fragte nach, ob er glaube, dass das Verschwinden der Schmerzen mit dem Gespräch zu tun gehabt habe. Er dachte nach: »Ja. Eine Woche später war die Kolik noch einmal extrem schlimm. Aber von da an waren die Schmerzen weg und meine chronische Schuppenflechte ebenfalls.«

Als Frau Li nach Hause kam, rief sie mich sofort an, um mir die gute Nachricht mitzuteilen. Sie konnte allerdings nicht ganz verstehen, warum die Seele des Rehs von sich aus weggegangen war, ohne eine Energieregulierung.

Ich habe zwei mögliche Erklärungen hierfür. Während der Untersuchung mit dem Himmlischen Auge verband ich mich mit der Seele des Rehs, die dadurch wusste, dass sie den Mann bald loslassen sollte. Solche Erfahrungen hatte ich bereits mehrmals gemacht. Vielleicht hatte das Reh auch das Gefühl, dass der Arzt nun lange genug gelitten hatte. Außerdem ist er ein liebevoller, warmherziger Mensch, der in seinem Leben viel Gutes für andere tut. Ich gehe davon aus, dass das Reh deswegen seine Vergeltung einstellte.

Nie wieder wird er jagen!

Im Sommer 2004 kam ein Mann, Anfang Sechzig, der am Parkinson-Syndrom litt, zu unserem speziellen Seminar für Informationskrankheiten nach Berlin. Die Krankheit war so weit fortgeschritten, dass er seine Hände kaum mehr nutzen konnte. Beim Untersuchen sah ich, dass sehr viele seelische Informationen von Tieren bei ihm waren. Sie standen in der Tat Schlange bei ihm. Viele von ihnen hatten starke Hassgefühle. Ich fragte zuerst Frau Dr. Li, die damals auch beim Seminar dabei war, ob dieser Mann im Zoo arbeitete. Das war aber nicht der Fall. Mit etwas schlechtem Gewissen stellte er sich vor: Er sei Jäger aus Leidenschaft und sogar Vorsitzender eines Jagdvereins. Er habe einen Bergwald gepachtet und organisiere Jagden.

Tatsächlich verstand er die Zusammenhänge zwischen seiner Krankheit und der Jagd. Er erklärte offen im Seminar, dass er nicht mehr jagen wolle und sich bei den getöteten Tieren aufrichtig entschuldigen würde. Alle Teilnehmer applaudierten herzlich zu diesem Entschluss.

Bereits am ersten Tag des Seminars setzte er seine Tabletten ab und am nächsten Tag hörten seine Hände auf zu zittern.

Besuch eines Fischgeistes

Die Menschen töten Tiere, um ihre immer größer werdende Esslust zu befriedigen. Vom menschlichen Gesetz her ist dies erlaubt, nicht aber von den Seelen der getöteten Tiere. Ich selbst bin in einer Hafenstadt geboren und damit aufgewachsen, fast täglich Meerestiere zu essen. Fische, Krabben und Krebse gehörten dazu. An einem Morgen im Jahr 1993 – ich war als Schülerin von Letian Shi Fu noch ganz neu und hatte gerade die erste Stufe der Tian Gong-Übungen gelernt – kam ich von einer Frühübung draußen auf dem Berg nach Hause und aß ein Stück getrockneten Fisch. Kurz danach fühlte ich mich ohne einen für mich offensichtlichen Grund sehr müde und so erschöpft, dass ich mich in meinem Zimmer hinlegte und sofort in eine Art Dämmerzustand fiel. Es war wie in einem Traum, aber dann auch wieder nicht. Ein aggressives Yin-Lebewesen betrat mein Zimmer und sprach zornig zu mir:

Es wolle mich würgen, weil ich es gerade gegessen hatte. Ich spürte deutlich, dass es gleichzeitig die Gestalt eines Menschen als auch die eines großen Fisches hatte. Das Lebewesen würgte mich mit beiden Händen, sodass ich kaum noch atmen konnte. Ich fühlte, dass ich gleich ohnmächtig werden würde. Mein Körper wurde von so einer starken Kraft gedrückt, dass ich mich überhaupt nicht mehr bewegen konnte. Ich wollte um Hilfe rufen, aber meine Stimme versagte. Trotzdem war mein Kopf noch klar, und ich erinnerte mich, dass ein Meister mir Ba Gua-Methoden – taoistische Methoden zum Schutz vor negativen Wesen – beigebracht hatte. Ich probierte sie aus, aber sie halfen nicht. Ich bat weitere Gottheiten um Hilfe, aber keine zeigte sich mir. Erst danach erschien der Energiekörper von Letian Shi Fu vor mir, worauf das Yin-Lebewesen mich widerstrebend losließ. Es sagte drohend, als es sich entfernte: »Ich komme wieder.« Als ich wieder zu mir kam, fühlte sich mein Körper völlig leer und kraftlos an, und ich hatte furchtbare Angst. So etwas hatte ich noch nie erlebt.

Dieses Erlebnis prägte sich mir tief ein. Wenn ich daran denke, sehe ich die Gestalt des Wesens ganz klar vor meinen Augen, obwohl inzwischen dreizehn Jahre vergangen sind: Dünn, offenbar männlich, mit bösen, aggressiven Augen in einem grauen Gesicht mit hartem Ausdruck. Seitdem esse ich keine Meerestiere mehr.

Im darauffolgenden Sommer war ich bei meiner Freundin in Shenzheng zu Besuch und las in einem Buch. Es war gegen 21 Uhr. Plötzlich kam ein kalter Windhauch ins Zimmer, meine Augenlider wurden immer schwerer, sodass ich wieder in diesen Halbschlafzustand geriet und mich kaum noch bewegen konnte. Ich sah ein Yin-Lebewesen in mein Zimmer kommen. Es war der Fisch-Geist von damals. Er hatte noch einen anderen Geist mitgebracht. Sie begannen, mir das Qi aus dem Körper zu ziehen, einer am Bai Hui-Punkt am Scheitel, der andere an den Yong Quan-Punkten an den Fußsohlen. Doch zu dieser Zeit war ich nicht mehr der gleiche Mensch wie noch vor einem Jahr.

Sechs Monate zuvor hatte ich in Hangzhou den Aufbaukurs von Letian Shi Fu besucht und die Bi Gu-Information bekommen. Seitdem lebe ich in diesem Zustand, in dem ich weder Reis noch Fleisch oder Fisch esse, sondern nur noch ein wenig Obst und Gemüse. Dadurch wurde ich nicht nur von meinen hartnäckigen chronischen Krankheiten geheilt, die mich zehn Jahre lang gequält hatten, sondern es erschlossen sich mir auch die Fähigkeiten zur Verbindung mit dem Universum. Deswegen hatte ich beim zweiten Besuch des Fisch-Geistes keine Angst mehr.

Ich kämpfte mit meiner Gedankenkraft gegen beide, sodass sie schließlich die Flucht ergriffen. Anschließend dachte ich darüber nach, dass ich früher sehr gerne getrocknete und geräucherte Fischstücke gegessen hatte, die von einem großen Fisch stammten. Die Rachegefühle eines solch großen Fisches sind sehr stark. Ich bedankte mich beim Fischgeist, weil ich nun ohne Schwierigkeiten von meinem Lieblingsessen, den Meerestieren, loslassen konnte.

Bitte esst uns nicht mehr

1996 hatte ich Freunde zu mir nach Hause eingeladen. Ich ging zum Markt, kaufte einen Fisch, eine Karausche, und bat den Händler, sie zu schlachten. Ich selbst konnte das nicht mit ansehen und ging ein Stück weiter. In dem Moment, als der Händler den Fisch schlachtete, wurde mir plötzlich schwarz vor den Augen, kalter Schweiß brach aus, ich wurde kraftlos und mir war, als ob ich augenblicklich in Ohnmacht fallen würde, obwohl es mir einen Moment zuvor noch blendend ging. Zum Glück kam mir jemand zur Hilfe, hielt mich und führte mich zu einem Stuhl. Erst nach einer halben Stunde erholte ich mich etwas. Irgendwie hatte ich das Gefühl, dass es mit dem Schlachten des Fisches zusammenhing, aber so ganz sicher war ich noch nicht.

Im darauffolgenden Jahr wollte ich wieder Freunde einladen. Dieses Mal bat ich die anderen, für mich einen Aal zu kaufen und ihn schlachten zu lassen. Aale haben eine starke Lebensenergie. Obwohl ich bei dem Essen selbst keinen Aal zu mir genommen hatte, bekam ich plötzlich starke Bauchschmerzen. Ich krümmte mich nach vorne und mir wurde schwarz vor Augen. Meine Gäste saßen am Esstisch, ich aber verschwand im Badezimmer – und kam so bald nicht wieder. Das machte mich als Gastgeberin sehr verlegen. Seitdem tue ich solche »dummen Sachen« nicht mehr. Ich weiß, dass ich nun auch kein Tier mehr schlachten lassen darf.

2001 wurde ich nach Hongkong eingeladen, um ein Tian Gong-Seminar zu geben. Ich war in einem hübschen Apartment direkt am Meer untergebracht. In der Nacht – ich war gerade im meditativen Qi-Gong-Zustand – sah ich, wie mehrere Muschelseelen aus dem Meer gekrochen kamen. Eine davon war riesengroß, so groß wie ein Haus. Sie schien die Anführerin zu sein. Voller Trauer sprach sie zu mir: »Bitte, richten Sie der Menschheit aus, uns nicht mehr zu essen! Wir sind Freunde der Menschen und saugen die schädlichen Stoffe aus dem Meer auf.«

Dieses Erlebnis liegt nun schon einige Jahre zurück, aber die Hilflosigkeit und Traurigkeit der Muschelseelen ist noch immer in mir. Ich bekomme ein schlechtes Gewissen und bitte die Seelen der Muscheln um Verzeihung, dass ich erst heute diese Information offiziell an die Menschen weitergebe.

Vegetarische Ernährung – aus Liebe zu allen Wesen

Wenn alle Menschen einander lieben und achten würden, gäbe es keine Kriege mehr auf der Welt. Wenn es auch zwischen Menschen und Tieren mehr Liebe und Respekt gäbe, dann würde sich vieles zum Positiven verändern. Tiere sind Lebewesen, haben Gedanken und besitzen eine Seele. Wenn sie geschlachtet werden, geraten sie in große Panik, empfinden Verzweiflung, Wut, Hilflosigkeit und Hass. Diese Emotionen können als negative Energien im Fleisch der Tiere abgespeichert werden. Wenn wir Menschen dann von diesem Fleisch essen, nehmen wir diese negativen Energien auf.

Heutzutage essen die meisten Menschen das Fleisch gezüchteter Tiere. Die Bedingungen in den Massentierhaltungen sind so miserabel, dass die Tiere mit ihrer Geburt medikamentöse Cocktails aus Hormonen, Antibiotika und anderen chemischen Stoffen bekommen, um überhaupt lange genug für den Verkauf und die Schlachtung überleben zu können. Jonathan Safran Foer hat für sein Buch »Tiere Essen« drei Jahre lang recherchiert, wo unser Fleisch herkommt, und zieht in seinem Buch folgende Bilanz: »Unsere Nahrung besteht aus Leiden. Wenn man uns anbietet, einen Film darüber zu zeigen, woher unser Fleisch kommt, wissen wir, dass es ein Horrorfilm sein wird ... und dieses gefolterte Fleisch wird zunehmend unser eigenes.«

Wir Menschen brauchen kein Fleisch zu essen, um zu leben. Viele sind bereits Vegetarier und leben gesünder und länger.

Menschen besetzen den Lebensraum der Tiere

Mit dem fortschreitenden Bevölkerungswachstum steigt der Bedarf an Wohnraum stetig. Auch für Gewerbegebiete und Straßen wird ständig Wald abgeholzt oder Ackerland weggenommen, um Bauland zu gewinnen. Derzeit verringert sich die Waldfläche weltweit um jährlich etwa 13 Millionen Hektar[15], also 130 000 km². Dies führt zu einer Verdrängung der Lebensräume aller wildlebenden Tiere.

Daher kann es vorkommen, dass seelische Informationen von Tieren, die einst aus ihrem Lebensraum vertrieben wurden, nach deren Tod Zuflucht in den Häusern der Menschen suchen. Dies geschieht besonders häufig, wenn die Häuser auf ehemaligem Waldgebiet stehen. Die Seelen von Tieren, die in freier Wildbahn lebten, sind energetisch sehr stark und intelligent. Wenn die Menschen solchen »vertriebenen« Seelen begegnen, können diese aggressiv sein und sich rächen wollen. Dann kann es zu großen Störungen und gesundheitlichen Beeinträchtigungen kommen.

Der Adler auf dem Dach

Lisa war Absolventin der Stanford Universität in Kalifornien und wuchs in einer glücklichen Familie auf. Aber seit einiger Zeit wurde sie von schweren Schicksalsschlägen geplagt. Ihr Vater bekam eine schwere Nierenerkrankung und wurde abhängig von der Dialyse. Ihre Mutter wurde schizophren. Lisa musste ihre Arbeit aufgeben, damit sie ihre Eltern pflegen konnte. Außerdem musste sie sich noch um ihre beiden jüngeren Schwestern kümmern, die noch zur Schule gingen. Tagsüber versorgte sie die Familie, abends ging sie arbeiten.

1998 arbeitete sie als Privatlehrerin bei einer Familie, die Tian Gong-Übungen praktizierte. Auf diesem Weg lernte Lisa Letian Shi Fu kennen und bat ihn, das Feng Shui bei ihr zu Hause zu testen. Letian Shi Fu nahm ihre Einladung gern an.

An dem vereinbarten Tag kam er mit einer Assistentin zu Lisas Haus. Noch bevor sie das Haus betraten, gab Shi Fu der Assistentin Energie für das Himmlische Auge und ließ sie das Energiefeld des Hauses untersuchen. Die Assistentin sagte: »Oh, das Feng Shui ist gar nicht schlecht. Ich sehe einen Engel auf dem Hausdach.« Letian Shi Fu lächelte: »Schau genau hin, ob es wirklich ein Engel ist.« Die Assistentin antwortete: »Es hat jedenfalls Flügel. Aber nun bin ich unsicher.« Er verstärkte die Energie ihres Himmlischen Auges, und nun sah sie deutlich, worum es sich bei dem Wesen handelte. Es war ein Adler und zwar ein sehr aggressiver. Sie betraten das Haus und begrüßten Lisas Eltern. Die Augen der Mutter waren ausdruckslos, sie saß da wie benommen. Der Vater war ein einfacher und gutmütiger Mensch. Letian Shi Fu war klar, dass das Feng Shui dieses Hauses durch die seelische Information des Adlers zerstört war.

In Himmlischer Sprache fragte er die Seele des Adlers, warum sie noch hier sei. Der Adler antwortete: »Dieser Ort gehört mir. Sie dürfen meinen Raum nicht besetzen.« Shi Fu fragte nach, warum dieser Ort dem Adler gehöre. Die Antwort des Adlers lautete: »Ich war schon viel früher hier, lange vor dem Haus und den Menschen.« »Du solltest dich in den Wald zurückziehen«, schlug Shi Fu vor. Der Adler weigerte sich, er habe keine Fehler gemacht, er wolle nicht in den Wald gehen. Er bleibe hier. »In der Familie ist eine Störung vorhanden. Ich bitte dich, nachzugeben und in den Wald zu gehen«, bat Shi Fu den Adler. Der Adler blieb hart und wies die Bitte zurück. Letian Shi Fu erzählte Lisa von dem Adler. Sie war sehr erstaunt, denn ihre Mutter hatte, seit sie krank geworden war, häufig einen aggressiven Adler gesehen. Da der Adler weiterhin ablehnte zu gehen, bat Shi Fu schließlich höhere Kräfte des Universums, eine Entscheidung zu fällen. Danach nahm er wahr, wie schwarzer Rauch vom Haus aufstieg und sich entfernte.

Einige Tage später berichtete Lisa, dass sich die Beschwerden ihrer Eltern wesentlich verbessert hatten. Später besuchte Lisa gemeinsam mit ihrer Mutter mehrere Tian Gong-Seminare.

Die Seelen der Pflanzen

Pflanzen sind ebenfalls beseelte Lebewesen. Wenn sie mutwillig verletzt werden, können auch sie Vergeltung üben. Die folgenden Beispiele beziehen sich auf Störungen durch die seelischen Informationen von Bäumen.

Eine ungewöhnliche Gürtelrose

In einem Qi Gong-Lehrer-Kurs mit einer chinesischen TCM-Ärztin im Jahr 2004 gab es eine Teilnehmerin, die an schweren Rückenschmerzen litt. Die medizinische Diagnose lautete Gürtelrose. Die Therapie, die sie über einen längeren Zeitraum gemacht hatte, hatte nicht gewirkt. Ihrem Gefühl nach handelte es sich auch nicht um eine Gürtelrose. Allerdings konnte keine andere Diagnose gestellt werden und auch keine bessere Behandlungsmethode.

Bei der Untersuchung mit dem Himmlischen Auge sah Tianping, wie auf Anweisung der Frau einige Bäume gefällt wurden, bevor mit dem Bau ihres Hauses begonnen wurde. Wenn sie die Bäume natürlich auch nicht selbst abgeholzt hatte, so war die Idee doch von ihr gekommen. Die Seelen der Bäume haben einen klaren Verstand und suchten deshalb nicht die Menschen auf, die sie gefällt hatten, sondern hefteten sich an die »Auftraggeberin«.

Wir erzählten ihr davon. Sie lächelte und bestätigte das. Tatsächlich entstanden die Rückenschmerzen kurz nach dem Bau des Hauses, und sie war diejenige, die die Idee dazu gehabt hatte. Sie bekannte und bereute diese Tat und bat die Seelen der Bäume von Herzen um Vergebung. Wir halfen ihr dabei mit kosmischer Energie. Als die Baumseelen sie ver-

lassen hatten, verschwanden schließlich auch die Schmerzen im Rücken und die »Gürtelrose«.

Warum kann sie kein Wasser trinken?

Während eines Tian Gong-Seminars über Informationskrankheiten im Herbst 2004 in Berlin untersuchten wir die Ursachen der Erkrankungen bei verschiedenen Teilnehmern. Bei einer Frau, Susanne, fanden wir heraus, dass es hinter ihrem Körper mehrere Seelen von gefällten Bäumen gab. Susanne bestätigte uns, dass die Bäume gefällt worden seien, als ihr Haus gebaut wurde. Seitdem trat das merkwürdige Phänomen auf, dass sie nichts trinken mochte. Wenn sie Wasser trank, bekam sie Blähungen, fühlte sich unwohl und kraftlos. Wenn sie jedoch nichts trank, bekam sie Probleme mit der Blase. Sie wollte wissen, ob die gefällten Bäume die Ursache dafür waren.

Ich untersuchte sie weiter mit dem Himmlischen Auge und sah, dass es in ihrem Garten am Haus einen Teich gab. Die gefällten Bäume standen vorher am Teich und brauchten eine große Menge Wasser. Die Baumseelen, die sich an ihren Körper geheftet hatten, nahmen nun aus der Ferne die Energie des Wassers aus dem Teich auf.

Am Ende des Seminars konnte sie nicht nur wieder Wasser trinken, auch ihre Blasenbeschwerden waren verschwunden.

Störungen durch Wesen aus anderen Dimensionen

Das Universum besteht aus vielen Dimensionen, in jeder von ihnen gibt es Lebewesen. Auf der Erde existieren Wesen von der ersten bis zur dritten Dimension. Alle Lebewesen der dreidimensionalen Welt haben eine Seele, ob Mensch, ob Pflanze oder Tier. Sie ist es, die als unsichtbarer Energiekörper den physischen Körper kontrolliert und ihm Gedanken und Lebenskraft verleiht.

Außerdem gibt es Lebewesen, die niederen bzw. höheren Dimensionen entstammen. Zu der vierten Dimension gehören solche Naturgeister wie Berg-, Fluss-, See- und Erdgeister. Indem wir Menschen immer mehr Natur zerstören, sodass beispielsweise Seen austrocknen oder Flüsse verschmutzt werden, verändern sich auch einige dieser Naturgeister und werden zu dunklen Wesen, die dann mit starker negativer Energie die Menschen stören können.

Es gibt noch mehr dieser negativen Wesen. Wir nennen sie Yao Mo Gui Guai. Es handelt sich dabei um verschiedene Geistwesen, die mit sehr starker negativer Energie Einfluss auf ihre Umwelt nehmen, um zu stören oder sich Energie zu stehlen. Vielen von ihnen ist gemeinsam, dass sie einst Lebewesen aus höheren Dimensionen waren, aber wegen ihres moralischen Niedergangs ihr Energieniveau nicht halten konnten, sodass sie auf die Ebene zwischen dritter und vierter Dimension herabfielen. Ihr Energieniveau ist dann niedrig und dunkel.

Alle diese Wesen, sowohl jene von der ersten bis zur dritten Dimension, als auch jene der Zwischendimension, können als negative Energiekörper andere Lebewesen besetzen oder in einiger Entfernung bei ihnen bleiben. Wenn das passiert, rufen sie durch ihre starke negative Energie schwere Informationskrankheiten bei den besetzten Individuen hervor.

WER IST ANFÄLLIG FÜR SEELISCHE FREMDINFORMATIONEN?

Warum heftet sich eine seelische Fremdinformation an Person A und nicht an Person B? Eine Fremdseele kann auch mehrere Familienmitglieder stören, aber die Betroffenen in unterschiedlichem Maße beeinträchtigen.

Warum?

Die Gesundheit von Körper und Seele spiegelt sich im individuellen Energieniveau der Menschen. Es gibt Menschen, die besitzen ein starkes Energiefeld. Sie sind voller positiver Energie und Lebenskraft. Ihre positive Ausstrahlung wirkt wie ein Schutzschild gegenüber den Fremdenergien. Die meisten Menschen haben jedoch Schwächen in ihrem Energiekörper. Diese können angeboren oder erworben sein und können vom Körper und von der Seele ausgehen.

Der energetische Zustand von Körper und Seele

Eines der bekanntesten Symbole der chinesischen Weisheitslehren ist das Yin Yang-Zeichen. Es stellt die zwei Seiten des Lebens dar: Energie und Materie. Zusammen bilden sie die Grundlage für das Leben in der dritten Dimension. Yin (schwarz) und Yang (weiß) bestehen nicht einfach nebeneinander, sondern sind miteinander verbunden. Inmitten der Yin-Materie öffnet sich ein heller Kanal zur Yang-Materie und andersherum ebenso. Neben unserem materiellen Körper haben wir Menschen auch einen Energiekörper (Yin-Körper). Wir Chinesen nennen den Yin-Körper die Seele. Sie ist zwar unsichtbar für unsere Augen, aber genauso wichtig wie der materielle Körper. Ohne Yin ist der Yang-Körper totes Fleisch. Körper und Seele sind miteinander verbunden. Ein kranker oder schwacher Körper belastet unseren Energiekörper. Wir können dann seelisch unausgeglichen oder gar krank werden. Andersherum beeinträchtigt die Energie unserer Emotionen und Gedanken sehr stark unsere körperliche Gesundheit. Wenn nur einer von beiden Körpern schwach oder krank ist, sind die Voraussetzungen zum Eindringen einer seelischen Fremdinformation bereits vorhanden.

Qi – die universelle Lebenskraft

Die Energie alles Lebendigen nennen wir Chinesen »Qi«. Qi ist die Kraft, aus der alles Leben hervorgeht. Letztendlich besteht alles aus Qi, aus Energie, wie es auch der große Physiker Albert Einstein Anfang des 20. Jahrhunderts feststellte. Im menschlichen Körper gibt es unterschiedliche Quellen von Qi. Es wird vor allem zwischen dem *angeborenen* und dem *erworbenen* Qi unterschieden. Zusammen bestimmen sie die Stärke unseres Yang- sowie unseres Yin-Körpers. Das angeborene Qi wird einerseits von den Bedingungen zur Zeitpunkt der Empfängnis bestimmt. Dies bezieht den Gesundheitszustand der Eltern, ihre Emotionen sowie das Energiefeld an dem Ort zu der jeweiligen Zeit mit ein. Andererseits spielt die Stärke der eigenen Seelenenergie (des Neugeborenen) eine noch wichtigere Rolle. Sie wird von den Geschehnissen in dessen Vorleben bestimmt. Die eigene Seelenenergie bestimmt letztendlich den Ort und die Eltern, bei denen wir wiedergeboren werden. Das erworbene Qi entspricht der Energie, die wir in unserer Lebenszeit aufnehmen. Die bekannten Energiequellen sind dabei unsere Nahrung und der Sauerstoff, den wir durch die Atmung aufnehmen. Viele Menschen im Westen wissen jedoch nicht, dass die größte Energiequelle das Universum ist. Bei Tian Gong bringen wir unseren Schülern bei, wie sie sich mit dem Universum verbinden können und durch Qi Gong sehr viel Energie aufnehmen können. Das Energieniveau wird dadurch angehoben, sodass bei vielen Menschen Selbstheilungsprozesse in Gang kommen. Aber das alleine reicht nicht bei jedem aus, um sowohl Körper und Seele zu ernähren. Das erworbene Qi wird nämlich auch durch die Gedanken, Worte und Handlungen einer Person beeinflusst. Es gibt Menschen, die ihr Energieniveau nicht dauerhaft erhöhen können, da zum Beispiel negative Gedanken über sich selbst oder andere, emotionale Ausbrüche oder gar unmoralisches Verhalten die aufgenommene Energie dunkel, schwer und negativ werden lassen.

Qi kann sowohl positive als auch negative Qualitäten haben. Positives Qi entspricht positiver Energie. Bei den menschlichen Charaktereigenschaften gehören hierzu: hilfsbereit, gerecht, liebevoll, tolerant, friedvoll und gesund zu sein und sich aktiv weiter zu entwickeln. Negatives Qi dagegen entspricht negativer Energie und beinhaltet, anderen oder sich selbst zu schaden, egoistisch, gewalttätig, böse, hasserfüllt, eifersüchtig, ärgerlich, panisch, ängstlich, depressiv, einsam oder passiv zu sein.

Genauso wie wir unsere Muskeln trainieren können und dadurch mehr Körperkraft bekommen, können wir unseren seelischen Energie-Körper trainieren und stärken. Wenn wir achtsam mit unseren Worten und Gedanken umgehen, bewusst positive Perspektiven suchen und unsere Kraft dafür einsetzen, den Menschen und unserer Umwelt zu helfen (siehe auch »Der Xiu Lian-Weg«, S. 164), wird unser Yin-Körper immer heller und reiner. Menschen, deren seelische Energie stark, hell und rein und deren Körper ebenfalls im guten Zustand sind, besitzen große Abwehrkräfte gegenüber seelischen Fremdinformationen; im gegenteiligen Fall ist ihre Abwehr schwach.

Seelische Fremdinformationen können sich Menschen mit starkem positivem Qi schwer nähern und weichen ihnen sogar aus. Dahingegen können sie sich Menschen mit schwachem positivem Qi bzw. mit starkem negativem Qi leicht nähern.

Das erklärt zum Beispiel, warum ein »Täter« nicht immer selbst von der Störung betroffen wird. Wenn zwischen einer Seele und einer Person noch starke Disharmonien stehen, die Person jedoch gesund und körperlich fit ist, kann die verletzte Seele ihr nur schwer direkt schaden. Manchmal geht sie dann zu jemandem in der Familie dieser Person, dessen energetischer Zustand schwach ist. Es kann sogar sein, dass er oder sie einer späteren Generation angehört und dem Verstorbenen vielleicht nie begegnet ist.

Die verletzenden Worte eines Großvaters schaden der Enkelin

Früh morgens am Neujahrstag 2003, ich schlief noch, klingelte mein Handy. Ich dachte: Da hat jemand sicherlich etwas Dringendes, dass er so früh anruft. Der Anrufer aus China war sehr aufgeregt und klang sehr besorgt: »Meisterin, bitte hilf unserer Min Min, sie liegt auf der Rettungsstation im Krankenhaus und öffnet seit drei Tagen die Augen nicht mehr. Ihr Puls ist auf 180, und sie schwebt in Lebensgefahr.«

Min Min ist ein sechsjähriges Mädchen, das eigentlich immer sehr gesund gewesen war. Und jetzt hatte sie eine Herzfrequenz von 180 Schlägen pro Minute? Ich war selbst etwas schockiert. Das war mit Sicherheit keine Herzkrankheit. Ich befürchtete, dass die Störung von der Seele eines Verstorbenen gekommen war. Es eilte sehr, deswegen rief ich Letian Shi Fu in den USA an und bat ihn, mir bei der Untersuchung zu helfen. Tatsächlich sah ich die seelische Information eines Mannes beim Körper der Kleinen. Diese Seele stand aber mit dem Kind in keiner direkten Verbindung. Stattdessen war sie auf dessen Großvater böse. Doch warum?

Einige Tage zuvor hatte der Großvater mit Min Min eine Familie besucht. Der Großvater war kein schlechter Mensch, aber er hatte einen großen Fehler: Er beleidigte die Menschen häufig, bemerkte dabei aber nicht, wenn er die anderen mit seinen Worten verletzte. Der Ehemann der Gastgeberin war kurz zuvor verstorben, aber seine Seele war noch zu Hause und sah zu, wie Min Mins Großvater seine Frau ohne Respekt ansprach. Die Seele des Verstorbenen war darüber äußerst verärgert und wütend. Doch konnte er dem Großvater selbst nichts antun, da dieser kerngesund war. Deshalb wandte der verstorbene Ehemann sich der kleinen Min Min zu, wohl wissend, dass das Mädchen des Großvaters liebster Schatz war.

»Du beleidigst meine Frau, und das tut mir weh. Jetzt tue ich deiner Enkeltochter etwas an, und das wird deinem Herzen wehtun!«, gab die seelische Information des Mannes zu verstehen.

Nachdem wir die Ursache entdeckt hatten, riefen wir sogleich in China an und teilten dem Großvater alles mit. Er bestätigte, was wir herausgefunden hatten, bereute sein Verhalten und bat die Fremdseele um Vergebung. Eine halbe Stunde später bekam ich einen Anruf aus China: Min Min hatte die Augen geöffnet und gab zum Ausdruck, dass sie Hunger habe und endlich essen wolle.

Die Zunge ist wie ein Schwert – sie kann töten. Wenn wir das wirklich verstehen, sollen wir in der Zukunft noch mehr auf unsere Worte Acht geben. Min Mins Großvater hatte das Unglück durch seine üble Rede ausgelöst, wenn auch unbeabsichtigt. Wir sollten daraus lernen, niemals jemanden mit unseren Worten zu verletzen, indem wir einen Menschen zum Beispiel zu Unrecht beschuldigen, verleumden oder gegen ihn intrigieren. Denn mit solchem Verhalten rufen wir bei uns oder in unserer Familie nur verborgenes Unheil hervor.

Manche Seelen, die sich den Menschen, die ihnen geschadet haben, nicht sofort nähern können, da sie gesund und voller Energie sind, warten ab, bis der physische Körper schwächer wird oder sich im energetischen Körper Löcher bilden. Haben Menschen in ihrem Leben, als ihr Körper noch stark und fit war, etwas Schlimmes getan und dabei gedacht, sie könnten nicht belangt werden, so ist es sehr wahrscheinlich, dass sie – wenn sie älter werden und ihr Energiekörper schwächer geworden ist – nicht nur von einer einzelnen Seele heimgesucht werden, sondern von mehreren. Wenn dann Krankheiten auftreten, können sie sehr schmerzhaft und schwer zu heilen sein.

Wenn mehrere Seelen Verstrickungen mit einem Lebenden haben und der Mensch bereits eine Information in seinem Körper hat, stehen die anderen an der Seite des Betroffenen und warten, bis sie an der Reihe sind. Die Vergeltung kann in diesem oder einem späteren Leben kommen. Es gibt keine Vorsehung in dem Sinne. Alles hängt vom Heranreifen der Bedingungen ab.

Was seelische Fremdinformationen anzieht

Wenn positive Gedanken, Worte und Taten unser Energieniveau erhöhen, ist es klar, dass negative Gewohnheiten das Gegenteil bewirken. In diesem Kapitel möchte ich darauf eingehen, was diese negativen Eigenschaften sind, die wir generell vermeiden sollen. In unserer modernen Gesellschaft ist es vielen Menschen nicht mehr klar, wie sie ein gutes Leben führen sollen und was das eigentlich heißt. Sie kennen nicht mehr das Gesetz des Tao – das Universumsgesetz – und können in vielen Situationen des Lebens nicht zwischen richtig und falsch unterscheiden.

Manche Menschen sind der Meinung, solange sie nicht gegen Ländergesetze verstoßen, könne ihnen auch nichts passieren. Einige suchen nach Lücken in den Gesetzen, um anderen zu schaden und sich selbst dadurch Vorteile zu verschaffen. Wieder andere haben heimlich Schlimmes getan und denken, wenn es niemand entdeckt, können sie rechtlich auch nicht dafür zur Verantwortung gezogen werden. Doch ein chinesisches Sprichwort sagt, dass bereits »einen Meter über unseren Köpfen« die Götter zuschauen. Das menschliche Gesetz wird die Tat nicht bestrafen, aber das himmlische Gesetz wird es tun. Es ist deshalb äußerst wichtig, die Urteilskraft zu stärken, was man letztendlich durch die Verbindung mit dem Universum erreichen kann. Für diesen Zweck sind die täglichen Qi Gong-Übungen von unschätzbarem Wert.

Gewisse negative Eigenschaften schaden nicht nur uns selbst und unseren Mitmenschen, sie können auch seelische Fremdinformationen anziehen. Dies ist der Fall, wenn jemand in diesem Leben oder im Vorleben ein schweres Verbrechen begangen hat. Auch Egoismus, Unaufrichtigkeit, Unehrlichkeit, Aggressivität und Brutalität gehören dazu. Weiteres negatives Verhalten wie Drogenkonsum, Spielsucht, Alkoholmissbrauch, übermäßige sexuelle Begierde, unrechtmäßige sexuelle Beziehungen und spiritistische Spiele sind ebenfalls zu vermeiden.

Menschen mit unterschiedlichen Süchten können häufig von Fremdseelen gestört werden, die zu ihren Lebzeiten unter den gleichen Süchten litten. Waren Menschen zu ihren Lebzeiten nach einem bestimmten Stoff oder Zustand süchtig, so können die Seelen nach dem Tod oftmals nicht die Erde verlassen. Ihr Bedürfnis nach der Droge ist so groß, dass sie Orte und Menschen aufsuchen, bei denen dieses Bedürfnis befriedigt werden kann. So zieht zum Beispiel das Qi in Kasinos sehr leicht die Seelen Verstorbener an, die früher eine Neigung zum Glücksspiel hatten. Ist ein Kasino-Besucher in einem schwächeren physischen Zustand und sein Qi entsprechend schwach, kann es leicht geschehen, dass sich solche Fremdseelen an ihn heften. Wenn ein »Glücksspielgeist« einen Besucher besetzt und dessen Spielsucht das Herz des jeweiligen Menschen erreicht, wird die Entwöhnung von der Sucht entsprechend schwieriger – es sei denn, der Betroffene hat einen starken und festen Willen. Ebenso ist es bei Menschen mit Drogen-, Alkohol- oder Nikotinsucht. Wenn ein lebender Mensch von einer Seele besetzt wird, die während ihrer Lebzeit selbst Alkoholiker war oder viel rauchte, wird auch er gerne trinken oder rauchen.

Zu den Süchten zählt ebenso die Gier nach Sexualität. Die Seelen Verstorbener fürchten die Einsamkeit und haben Bedürfnisse wie wir Lebenden auch. Das sexuelle Verlangen ist da keine Ausnahme, insbesondere bei Seelen von Menschen, die im Jugendalter verstorben sind. So halten sich weibliche Seelen gerne bei jungen Männern auf, und die Seelen von männlichen Verstorbenen gern bei jungen Frauen aus unserer Yang-Welt.

In unserer Heimatstadt Wenzhou und in manchen anderen Orten Chinas gibt es noch die Sitte, für die Seele eines unverheiratet Verstorbenen einen Partner in der Yin-Welt zu suchen. Dies wird als »Yin-Hochzeit« bezeichnet. Die einsame Seele des Verstorbenen soll nämlich in der Yin-Welt eine Familie gründen können und nicht aus Sehnsucht zu den Hinterbliebenen in die Yang-Welt zurückkommen und sie dadurch stören. Früher dachte ich, das sei Aberglaube, und ich habe solche Geschichten nicht ernst genommen. Heute meine ich, dass es Gründe dafür geben wird, wenn ein Volk sich solche Sitten bewahrt hat. Wenn dadurch wirklich die Einsamkeit einer verstorbenen Seele gemildert und mögliche Störungen der Lebenden vermieden werden, so hat dieser »Aberglauben« sein Gutes.

Wer ein zügelloses Sexualleben führt oder unrechtmäßige sexuelle Beziehungen eingeht, gibt einer Fremdseele mit starkem sexuellen Verlangen die Möglichkeit, sich bei ihm oder ihr leicht anzuheften. Daher sind Menschen, die fremdgehen oder zum Beispiel Dreieckbeziehungen führen, besonders gefährdet.

Genauso wichtig wie unser Handeln und Tun ist jedoch auch unser Charakter. Die negativen Charakterzüge verringern unser seelisches Energieniveau, und die Fremdseelen können sich leichter nähern. Dies ist der Fall bei Menschen, die engherzig und ständig unzufrieden sind. Auch Gier, Geiz oder Rechthaberei zieht unsere Energie nach unten. Unter Menschen mit häufigen Stimmungsschwankungen leidet oft das gesamte Umfeld der Person. Doch am meisten leidet die Person selbst, die ihren Emotionen völlig hilflos ausgeliefert ist und so kaum positives Qi aufbauen kann.

Zusammengefasst lässt sich sagen: Ob ein Mensch von einer Fremdinformation gestört wird, hängt neben dem Zustand seines Energiekörpers auch von den eigenen Lebenserfahrungen, von seinem Charakter und von seiner moralischen Entwicklung ab.

Der Zustand unserer Seelenenergie (unseres Yin-Körpers) ist also abhängig von unseren Lebenserfahrungen, unserem Charakter und der moralischen Reife. Je nach dem Niveau der Seelenenergie kann es dann zu Störungen durch Fremdinformationen kommen.

Wenn der Körper zu schwach ist

Nachdem wir so viel über die Wichtigkeit des Verhaltens und der Tugend gesprochen haben, werden viele sicherlich fragen: Warum werden dann liebevolle und hilfsbereite Menschen krank? Menschen, die nie jemandem geschadet haben. Bereits zu Beginn sprach ich von dem Gesetz des Karmas. Vielleicht haben diese Menschen im Vorleben »Schulden« gemacht und sie noch nicht komplett zurückgezahlt. Wenn die Energie unseres Körpers schwächer wird, wie es oft durch das Altern geschieht, können sich ebenfalls fremde Energien an uns heften. Nur sehr wenige Menschen in der heutigen Welt wissen, wie man Alterungsprozesse im Körper aufhalten oder sogar umkehren kann. Wir altern, unser physischer Körper wird schwächer und für Krankheiten anfälliger. Somit sind wir im Alter allen möglichen Krankheiten ausgesetzt. Dies gilt auch für die Informationskrankheiten.

Friedensnobelpreisträgerin Mutter Teresa litt in hohem Alter an Schlaflosigkeit und unerklärlichen körperlichen Symptomen. Darüber hinaus wies sie weitere Symptome für eine Fremdseelenstörung auf: Schwindel, einen trüben Blick, sie war verwirrt und zeigte merkwürdige Verhaltensweisen. Da die Mediziner keine Erklärung für ihre Schlafstörungen finden konnten, äußerte Erzbischof D'Souza den Verdacht, dass sie besessen sei. Mit ihrem Einverständnis führte ein Priester im Namen der Kirche eine Beschwörung durch. Nach dieser Zeremonie wurde sie wieder ruhig und friedvoll. Am 6. September 2001 berichtete sogar das BBC, dass Mutter Teresa im Alter von 87 Jahren eine exorzistische Austreibung erhalten habe.

Bischof D'Souza erklärte, dass diese halbstündige Zeremonie die Heiligsprechung Mutter Teresas in keiner Hinsicht in Frage stelle und dass Teresas Würde dadurch nicht geschmälert worden wäre. Das stimmt. Treibt im Ozean ein toter Fisch, kann dieser die Großartigkeit des Ozeans nicht verletzen. Ozean bleibt Ozean. Die Menschen werden nicht weniger Respekt vor Mutter Teresa haben, weil sie in ihrem hohen Alter unter einer Informationskrankheit gelitten hat.

Es gibt eine weitere Möglichkeit, warum Menschen mit einem guten Herz und einer großen Seele auch von Fremdseelen besetzt werden können. So etwas kann vorkommen, wenn sie zu viel körperliche Energie für die gute Arbeit verbrauchen, ohne selbst Übungen zu praktizieren, die ihnen Energie für Körper und Seele zurückgeben. Wenn jemand mehr Energie ausgibt, als er hat, und auch keine Techniken kennt, um die verbrauchte Kraft wieder aufzubauen, können allmählich Löcher in seinem Energiekörper entstehen. Unter diesen Umständen können selbst hochengagierte Menschen eine Fremdseelenstörung bekommen.

Die physische Energie wird auch durch manche ungesunde Gewohnheit wie Drogen- und Alkoholmissbrauch stark geschwächt, sodass seelische Fremdinformationen in den Körper eindringen können. Solche Fälle sind nicht selten. Viele Jugendliche experimentieren mit Drogen. Sie fühlen sich zu den erweiterten Bewusstseinszuständen hingezogen, die Drogen versprechen. Doch Drogenkonsum betäubt das Nervensystem eines Menschen und verbraucht seine positive Energie. So entstehen energetische Löcher im Körper.

Das nächste Beispiel zeigt, wie eine extreme physische Energieschwäche zu einer schwerwiegenden Informationskrankheit geführt hat:

Im Jahr 2004 lernten wir fünf Fälle von jungen Leuten kennen, die mit der Diagnose Schizophrenie klinisch behandelt werden mussten. Unter ihnen war ein einundzwanzigjähriger junger Mann, an den sich mehrere Fremdseelen angeheftet hatten, sodass er seine Gedanken nicht mehr unter Kontrolle hatte. Er brachte jeden Tag viele Stunden auf der Straße zu, und wenn er nach Hause kam, begleiteten ihn etliche obdachlose Seelen, welche die Störungen verursachten. Er konnte sie selbst sehen. Schließlich wurde er in eine psychiatrische Klinik eingewiesen. Seine Krankheit hatte begonnen, als er mit seinen Schulfreunden aus Neugierde Drogen nahm, wodurch Löcher in seinem energetischen Körper entstanden sind. Als wir ihn fragten, wie die Fremdseelen in seinen Körper eingedrungen waren, antwortete er korrekt: »Durch die Löcher an meinem Rücken sind sie gekommen.« Seine Antwort stimmte mit unseren Untersuchungsergebnissen überein.

Warum fühlen sich so viele junge Menschen von Drogen und Alkohol angezogen? Rüdiger Dahlke, ein bekannter deutscher Psychosomatiker, schrieb einmal, dass Sucht von Suche kommt. Kleinere Kinder sind oft noch sehr verbunden mit sich. Sie spüren ihr Potenzial und ihre Aufgaben. Das äußert sich zum Beispiel in ihren idealistischen Berufswünschen. Im Laufe des Heranwachsens übernehmen die meisten jedoch nach und nach die Ideale ihrer Eltern und/oder der Gesellschaft. Sie verlieren sich und tauchen ein in den Strudel von »müssen, sollen und haben«.

Dann werden sie anfällig für Drogenerfahrungen aller Art, denn tief in sich drin spüren sie, dass das nicht alles sein kann, dass es einen tieferen Sinn geben muss. Alkohol und Drogen lassen sie damit – leider auf sehr ungesunde Weise – wieder in Kontakt kommen. Es ist daher wichtig für Eltern, Lehrer, ja für die gesamte Gesellschaft, den Kindern die seelische Seite des Lebens nicht vorzuenthalten. Ihnen Methoden beizubringen, wie sie in Kontakt mit ihrer Seele kommen können. Wenn sie Zugang zu ihrer inneren Stimme haben, sind sie stark gegenüber äußeren negativen Einflüssen.

Leiden als Hinweis oder Prüfung durch das Universum

Krankheit und Leiden haben immer einen Grund. Auch wenn die Krankheit uns wegen unserer karmischen Schulden trifft, gibt sie uns gleichzeitig die Möglichkeit, uns selbst und unser Leben zu verändern. Die Krankheiten sind deswegen wichtige Lehrmeister, die wir ernst nehmen sollten.

Krankheit kann aber auch eine Prüfung für bestimmte Menschen sein, damit sie die wahre Aufgabe in diesem Leben entdecken. Möglicherweise haben diese Menschen ihre Aufgaben nicht verstanden oder sie haben vergessen, weswegen ihre Seele auf die Erde kam. Vielleicht sind sie auch im Laufe ihres Lebens von ihrem Weg abgekommen. Das Universum entsendet dann absichtlich eine seelische Fremdinformation, die sie erkranken lässt oder einen Unfall verursacht, mit dem Ziel, dass ihnen klarer wird, wo der richtige Weg ist und wie sie ihre Aufgabe zu erfüllen haben. Wenn sie diese Warnung verstehen und dann den rechten Weg gehen, wird die Krankheit umgehend verschwinden. Diese Menschen erlangen mit großer Wahrscheinlichkeit übersinnliche Fähigkeiten.

In China gibt es einige Qi Gong-Meister und spirituelle Lehrer, die selbst schwer krank waren und sogar um ihr Leben ringen mussten. Nachdem sie eines Tages plötzlich den Sinn der Krankheit verstanden und ihre Lebensaufgabe erkannten, geschahen die Wunder: Die Krankheit löste sich in Nichts auf, und es entfalteten sich verborgene Fähigkeiten. Sie verabschiedeten sich von ihrem gewohnten Alltagsleben und begaben sich auf den Weg, um den Menschen und der Welt zu dienen.

Eine Tian Gong-Praktizierende aus Hangzhou in China beschrieb mir in einem Brief ein interessantes Erlebnis, das ihr gleich in der Anfangszeit ihrer Tian Gong-Übungspraxis widerfahren war:

»Ich war früher sehr schwer krank, die Ärzte konnten die Ursachen nicht finden, und die Therapien haben nicht geholfen. Dann wurde mir Tian Gong empfohlen. Nachdem ich die Tian Gong-Übungen gelernt und regelmäßig zu üben begonnen hatte, bin ich nicht nur in kurzer Zeit gesund geworden, sondern habe auch sehr bald die Fähigkeit des Himmlischen Auges bekommen.

Anfangs erschien mir immer ein hässlicher Geist vor dem Himmlischen Auge. Ich war sehr erschrocken. Ein paar Tage später erschien jedoch die Seele meiner verstorbenen Schwester, worüber ich mich sehr freute. Von allen Menschen habe ich meine Schwester am meisten geliebt. Seit ihrem Tod dachte ich häufig an sie. Jetzt konnte ich also im Qi Gong-Zustand meine Schwester sehen – das machte mich sehr glücklich und aufgeregt zugleich! Ihrer Seele schien es gut zu gehen.

Sie sprach mich sogar an. Aber was sie sagte, erschütterte mich bis ins Herz: ›Als du beim letzten Mal jenen schrecklichen Geist gesehen hast – das war auch meine Seele! Doch jetzt steht die wahre Seele deiner Schwester vor dir. Du hast seit einigen Jahren unter schweren Krankheiten gelitten, die genauso schrecklich waren wie jener hässliche Geist. Weißt du, woher die schweren Krankheiten kamen? Von mir! Weil du in diesem Leben eine Aufgabe hast: Denn solange du körperlich gesund warst und keine Krankheit hattest, bist du den Xiu Lian-Weg nicht gegangen. Also bist du krank geworden. Wärst du schnell geheilt worden, hättest du Tian Gong nicht gesucht. Wenn du aber den Xiu Lian-Weg nicht gehst, dann kannst du deine Aufgaben nicht erfüllen. Deswegen ließ ich dich zuerst krank werden und leiden. Aber ich ließ dich auch den Xiu Lian-Weg finden. Nun bist du bei Tian Gong. Deine Krankheiten sind geheilt, und dein Himmlisches Auge ist geöffnet. Du sollst dein Xiu Lian weiterentwickeln und deine Aufgaben erfüllen. Nun brauche ich mir keine Sorgen mehr zu machen.‹«

Ganz gleich, warum Informationskrankheiten über uns kommen, sie lehren uns viel mehr als nur die karmischen Wirkungen des Leidens zu ertragen. Ihre wahre Bedeutung liegt darin, uns anzuregen, die Prinzipien, nach denen wir leben, zu hinterfragen. Wir beleuchten unsere Verhaltensweisen uns selbst und anderen gegenüber. Sie lehren uns, den Sinn des Lebens zu verstehen, damit wir uns verändern, vervollkommnen und eine höhere Gesinnung erlangen.

DIE SYMPTOME – VIELSCHICHTIG UND KOMPLEX

Die fremden Seelen können bei den lebenden Menschen eine Reihe von Störungen hervorrufen. Diese Störungen können sehr unterschiedliche Formen und Schweregrade annehmen – was wiederum mit der Ursache und der Art der Besetzung sowie der körperlichen Konstitution der Betroffenen zusammenhängt.

Informationskrankheiten werden durch seelische Disharmonien und Probleme verursacht. Da die Seele Träger von energetischen Informationswellen ist, sind die Besonderheiten der Informationskrankheiten auch energetischer Art. Das heißt, dass negative seelische Schwingungen den Körper derart belasten, dass Anordnung und Funktion der Moleküle in den Körperzellen durcheinander gebracht werden, sodass sich das körperliche Energiefeld und damit der physische oder psychische Zustand des Menschen verändert. In diesem Kapitel werde ich die Besonderheiten dieser Krankheiten und möglichen Symptome, die bei einer Informationskrankheit auftreten können, näher beleuchten.

Wenn die Fremdseele sich nähert

Fremdseelen können die Menschen auf unterschiedliche Weise und mit unterschiedlichem Schweregrad besetzen. Wenn ein Mensch einen starken Energie-Körper besitzt und die Fremdseele sich nicht an seinen Körper anheften bzw. in seinen Körper hineindringen kann, muss die fremde Seele entweder wieder gehen oder sie zapft die Lebensenergie von der Ferne an. Halten die seelischen Informationen einen gewissen Abstand zu den Menschen, so ist das Ausmaß des schädlichen Einflusses geringer.

Die Besetzung kann sich entweder allmählich oder plötzlich vollziehen. Manche Fremdseelen nähern sich den Menschen langsam, sodass die Betroffenen es kaum merken. Andere heften sich ganz plötzlich an, wenn die richtigen Bedingungen dafür vorhanden sind. Bei so einer »Anheftung« fühlen manche Menschen einen plötzlichen Druck auf dem Körper, der von einer schweren, unerklärlichen Kraft herrührt, und sie können sich nicht mehr bewegen, obwohl ihr Kopf völlig klar ist. Ein paar Minuten später normalisiert sich das Körpergefühl wieder, aber die seelische Information hat sich bereits angeheftet. Die Anheftung kann auch mit starkem Kälte- und Panikgefühl einhergehen. Die Betroffenen erleben dann, wie sie plötzlich von einer eisigen Kälte befallen werden, sie erschaudern oder beginnen zu zittern, sind voller Angst und Unruhe. Im schlimmsten Fall kann sogar eine kurzzeitige Ohnmacht auftreten.

Eine Studentin aus Paris berichtete: Als sie im Zug von Köln nach Berlin fuhr, sei sie plötzlich von einem »kalten Luftzug angegriffen« worden, sodass sie für kurze Zeit ohnmächtig wurde. Seitdem traten die Ohnmachtsanfälle zuerst im Abstand von einigen Monaten auf, dann monatlich, schließlich immer häufiger, bis sie einmal in der Woche ohnmächtig wurde.

Eine Fremdseele kann sich auch an einer bestimmten Körperstelle anheften. Dies hat zur Folge, dass sich die Qualität der Energie an diesem Körperteil verändert, was zu Schmerzen führen kann. Wenn zum Beispiel die seelische Information auf einer Seite des Kopfes verbleibt, wird sich nach längerer Zeit das Gesicht der Person verändern, oder es kann passieren, dass die linke und rechte Gesichtshälfte deutlich asymmetrisch werden.

Besonderheiten der Informationskrankheiten

Sobald die Fremdseelen mit Menschen in Berührung kommen oder sich ihnen nähern, werden sie bei ihnen Störungen hervorrufen. Diese Störungen werden durch die negativen Schwingungen, die von der Seele eines Verstorbenen ausgehen, verursacht und zeigen sich zunächst als Störung im Energiekörper des Betroffenen. Bevor eine pathologische Veränderung im Körper auftritt, ist es schwierig, diese Störung durch schulmedizinische Diagnoseverfahren nachzuweisen. Wenn die Störung hauptsächlich im seelischen und geistigen Bereich liegt, ist es schwierig, überhaupt eine Ursache zu finden.

Häufig klagen die Betroffenen, die an einer Informationskrankheit leiden, dass sie sich krank fühlen, die Ärzte aber auch nach mehreren Untersuchungen keinen Befund feststellen und somit auch keine Diagnose geben können. Da sie auf körperlicher Ebene nichts finden, wird von den Ärzten häufig vorgeschlagen, zu einem Psychotherapeuten zu gehen, da sie vermuten, dass hier psychische Probleme dahinterstecken. Viele Teilnehmer haben diesen Weg hinter sich, ohne dass ihre Probleme und Beschwerden gelöst hätten werden können. Da in der naturwissenschaftlich ausgerichteten Medizin und Psychologie die Existenz der Seele in Frage gestellt wird, ist es für sie leider nahezu unmöglich, den Ursachen für solche Beschwerden auf die Spur zu kommen und entsprechende Behandlungen vorzuschlagen. Zu diesen Schwierigkeiten kommt außerdem, dass Informationskrankheiten äußerst vielfältige Symptome auslösen können. Es ist wichtig zu verstehen, dass ein Patient, der an einer Informationskrankheit leidet, nicht alle Symptome aufweisen muss. Bereits bei zwei, drei von den hier genannten Symptomen kann davon ausgegangen werden, dass es sich um eine Fremdseelenstörung handelt.

Wie ich bereits im letzten Kapitel erklärte, ist die Wahrscheinlichkeit geringer, dass die seelischen Fremdinformationen in den Körper eindringen können, wenn das Yang-Qi der Lebenden stark ist. Die Symptome der Betroffenen werden dann relativ leicht sein. Bei leichten Störungen, das heißt, wenn die Fremdseele zum Betroffenen etwas Abstand hält oder ihre Absicht nicht bösartig ist, wird man sich nur unwohl fühlen. Bei schwereren Fremdseelenbesetzungen können physische oder psychische Krankheiten auftreten. Häufig kommt es zu chronischen, schwer diagnostizierbaren und unheilbaren Erkrankungen. Weitere Anzeichen solcher Störungen sind Unfälle, Unglück in der Familie und Misserfolge in Ausbildung und Beruf.

Schwankende Beschwerden

Eine häufig vorkommende Besonderheit bei den Informationskrankheiten ist, dass Häufigkeit und Intensität der Beschwerden schwanken. Zum Beispiel können sich die Symptome je nach Stimmungslage, nach körperlich energetischer Verfassung der Betroffenen oder nach Jahres- oder Tageszeit ändern.

Eine Erklärung hierfür bietet die chinesische Theorie von Yin und Yang: Das Qi lässt sich immer in Yang und Yin unterteilen. Yang-Qi bezeichnet alle helle, aufsteigende, warme, positive und liebevolle Energie; Yin-Qi meint dagegen alle dunkle, absteigende, kalte, negative und egoistische Energie. Auch das Qi der Lebenden ist von Yang-Qualität. Seelische Fremdenergien dagegen gehören zu Lebewesen mit einem negativen Energiekörper und Yin-Charakter. Sie sind daher empfindsam gegenüber Energien mit Yang-Charakter wie Tageslicht, Sonne und Wärme.

Viele Menschen mit Besetzungen spüren deshalb, dass ihre Symptome tagsüber schwächer werden. Bei Sonnenschein und im Sommer können sie sogar ganz verschwinden. In der Nacht, bei Feuchtigkeit und während des Winters nehmen die Symptome wieder zu. Bei Menschen mit schweren Besetzungen kommt es auch vor, dass sie sich unbewusst in dunkle und kühle Räume zurückziehen. Im Extremfall reagieren sie selbst empfindlich auf Licht und Wärme.

Mehrfache Störungen

Eine Fremdseele kann einen einzigen lebenden Menschen stören, aber auch mehrere Menschen gleichzeitig beeinträchtigen, wie die folgende Begebenheit zeigt.

Zwei Brüder litten abwechselnd an Depressionen. Ging es dem älteren Bruder etwas besser, dann wollte der jüngere Suizid begehen. Letzterer quälte sich über zehn Tage mit Selbstmordgedanken, konnte sich aber schließlich beruhigen und davon ablassen. Anschließend wollte sich der ältere Bruder das Leben nehmen.

Wir bekommen oft Berichte von Seminarteilnehmern, deren störende seelische Informationen wir reguliert hatten. Darin berichten sie, dass Familienmitglieder, die unter der

Störung derselben Seele gelitten hatten und nicht beim Seminar anwesend waren, ebenfalls gesund geworden sind, und zwar fast in dem gleichen Moment, in dem die Fremdseele weggegangen ist.

Körperliche Veränderungen

Ein Hauptsymptom der Informationskrankheiten ist eine allgemeine Verschlechterung des Gesundheitszustandes. Wenn eine seelische Fremdinformation im menschlichen Körper verbleibt und sei es auch nur für kurze Zeit, wird ihre dunkle und kalte Energiequalität den Qi-Fluss beeinträchtigen oder einen Qi-Mangel bzw. eine Blockade verursachen. Über längere Zeit hinweg kann sich aus der Störung des energetischen Körpers allmählich eine Schädigung der physischen Organe entwickeln. Auf diese Weise entstehen pathologische Veränderungen, möglicherweise sogar ein Tumor.

In den folgenden Abschnitten werde ich die am häufigsten vorkommenden körperlichen Veränderungen erläutern.

Nieren-Qi-Mangel

Das Gefühl von Kälte und Frieren zusammen mit *Müdigkeit* ist bei Menschen mit Informationskrankheiten sehr verbreitet. Diese Menschen spüren eine innere Kälte, frieren leicht, und ihre Hände und Füße sind ständig kalt. In schlimmen Fällen haben sie sogar in heißen Sommern kalte Hände und Füße. Es kann sein, dass obwohl sie die ganze Nacht hindurch schlafen, ihre Hände und Füße dennoch nicht warm werden.

Die Müdigkeit, die durch eine Fremdbesetzung entstehen kann, ist meist nicht wie eine normale Müdigkeit, die auftritt, weil man sich viel bewegt hat oder zu viel gearbeitet hat. Sie ist scheinbar grundlos. Bei vielen Betroffenen ist es so, dass sie unerklärlich und plötzlich eintritt. Genauso schlagartig, wie sie gekommen ist, kann sie auch wieder verschwinden.

Diese Symptome weisen alle auf einen eher allgemeinen Energiemangel hin. Der Energiemangel entsteht vor allem dadurch, dass die Fremdseelen mit oder ohne Absicht die Yang-Energie der Betroffenen verbrauchen, sodass deren Yang-Qi schwächer wird und ihr Yin-Qi zunimmt. Genauso wie die Lebenden brauchen die obdachlosen Seelen, die auf der Erde bleiben, Energie und bedienen sich daher oft bei den Lebenden. Meistens entziehen sie diese Energie aus ihren Nieren, denn die Nieren speichern die Lebensessenz. Aus diesem Grunde leiden die Betroffenen oft unter *Nieren-Qi-Mangel*, und die Nierenfunktionen lassen nach. Andere Symptome eines Nieren-Qi-Mangel bzw. -schwäche: rasche Erschöpfung und Schweißausbrüche, selbst bei geringsten Anlässen. Manche Menschen leiden auch unter Nachtschweiß und müssen mehrmals in der Nacht auf die Toilette gehen. Weitere Symptome, die auf Nieren-Qi-Schwäche hinweisen, kann man in den Büchern über die Traditionelle Chinesische Medizin nachlesen. Die wichtigsten sind jedoch: Nieren- und Blasenbeschwerden, Gelenk- und Rückenschmerzen, Rheuma, Zahnprobleme, Haarausfall, Frauenkrankheiten, Prostata-Beschwerden, Schwerhörigkeit, Tinnitus, Diabetes, Ödeme, Störungen des Autoimmunsystems, Angst, Stress und Konzentrationsschwierigkeiten.

Änderungen des körperlichen Empfindens

Personen mit Besetzungen können emotional und körperlich schwerfällig werden. Ihr Schmerzempfinden kann reduziert sein oder völlig abhandengekommen sein. Das ist auch einer der Gründe, weswegen sie sich selbst verletzen oder sogar Suizid begehen können.

Eine Frau, die sich unter Zwang selbst verletzte, berichtete mir, dass sie überhaupt keinen Schmerz spüre, wenn sie sich mit einem Messer in eine Vene schnitt.

Manche Menschen bekommen plötzlich enorm starke Kräfte. Ich habe schon mehrere Klienten erlebt, die bei einem solchen Anfall die Kontrolle über sich verloren und nicht einmal von kräftigen, jungen Männern gebändigt werden konnten. Andere wiederum verlieren von einem Moment zum nächsten alle Kraft.

Hier ein Beispiel von einem Jungen, den ich vor über zehn Jahren in China kennen lernte:

Er war elf Jahre alt und seit seiner Geburt behindert. Er konnte nur auf einem Fuß stehen, kaum sprechen und seine Wünsche nicht ausdrücken. Er konnte nicht alleine essen und nicht ohne Hilfe auf die Toilette gehen. Viel erschütternder war jedoch sein seltsames Verhalten: Immer wieder stieß er seinen Kopf gegen scharfe Kanten an Tischen und Türen, wenn seine Familie einen Moment nicht auf ihn aufpasste. Stirn und Hinterkopf des Jungen waren ständig mit blutenden Wunden bedeckt. Obwohl er meist Tag und Nacht im Bett lag, sprang er manchmal plötzlich mit einem bösen Aus-

druck in den Augen vom Bett auf, die kraftlosen Beine waren auf einmal sehr stark. Er lief dann auf seine Angehörigen zu und schlug sie. Es kam vor, dass er sogar den Vater grob an den Haaren zog. Seine Mutter hatte ihre Arbeit aufgegeben, um ihren Sohn zu pflegen. Sie war jeden Tag völlig erschöpft. Wenn sie einmal nicht Acht gab, kam es vor, dass sie von ihm geschlagen wurde.

Ein Ärztekonsilium hatte den Jungen untersucht, aber keine Diagnose stellen können. Schließlich ordneten sie seine Erkrankung in die Kategorie »Angeborene Gehirnnervenlähmung« ein. Die Eltern ließen ihren Sohn daraufhin in einer Fachklinik behandeln. Die Therapie zeigte jedoch keinerlei Wirkung. Die Ärzte meinten, Kinder mit solchem Krankheitsbild hätten meist kein »Licht in den Augen«, die Hände und Füße seien kraftlos. Aber dieser Junge hatte häufig böse blickende Augen, sodass sogar die Ärzte manchmal Angst vor ihm bekamen. Die Eltern mussten ihren Sohn wieder mit nach Hause nehmen.

Ich habe den Jungen besucht und fand heraus, dass er unter einer seelischen Fremdinformation litt und zwar unter einer schlimmen, rachsüchtigen Information. Nach einigen Regulierungen verbesserte sich die Krankheit des Jungen etwas. Es passierte nur noch sehr selten, dass er seinen Kopf aufschlug; seine Stimmung wurde auch ruhiger und sanfter.

Während der Regulierungsarbeit hatte seine fünfjährige Schwester mit uns gemeinsam Tian Gong-Übungen gemacht. Sie entwickelte die übersinnliche Fähigkeit, Yin-Lebewesen zu sehen. Einmal war sie in der Küche und sah, wie ein Lebewesen blitzschnell in das Zimmer ihres Bruders huschte. Sie rief sofort die Mutter: »Es kommt wieder!« Beide liefen schnell ins Zimmer, wo der Junge bereits wach geworden war und sich wieder gegen einen harten Gegenstand stieß; seine

Augen schauten böse. Mit meinen damaligen Kräften war es mir jedoch noch nicht möglich, die rachsüchtige seelische Information ganz weg zu bitten.

Körperliche Funktionsstörungen

Wenn sich die Seele eines Verstorbenen rächen will oder wenn sie auch nur lange Zeit bei einem Menschen bleibt, wird seine physische Gesundheit Schaden nehmen. Im schlimmsten Fall können pathologische Veränderungen entstehen wie Funktionsstörungen, Schwellungen, Zysten, Myome, Tumore, Rheuma und Thrombosen.

Wenn die seelische Information eines Verstorbenen, der während seines Lebens schwer krank war, bei einem Menschen verbleibt, werden die Symptome der Krankheit nach und nach auf den Lebenden übergehen.

In einem Tian-Gong-Seminar sahen wir bei einem Teilnehmer die seelische Information seines verstorbenen Vaters, die hinter ihm stand. Der Vater war an einer Herzkrankheit gestorben. Hieraus folgerten wir, dass der Teilnehmer ebenfalls Herzbeschwerden haben könnte. Er bejahte dies und berichtete, seine Familie meine, er sähe auch im Gesicht dem Vater immer ähnlicher.

Schmerzen

Viele der von Informationskrankheiten Betroffenen leiden an Schmerzen. Die Patienten können sich diese Schmerzen, die manchmal jahrelang anhalten, oft nicht erklären. Auch die Ärzte können keine Ursache für die Schmerzen finden. Die Schmerzen können wandernd sein oder immer an der gleichen Körperstelle auftreten. Manchmal beschreiben die Menschen den Schmerz als tieferliegend und haben das Gefühl, die Energie kann an dieser Stelle nicht richtig durchfließen. Unserer Erfahrung nach leiden meist die Menschen, die von Seelen verstorbener Tiere oder Pflanzen besetzt sind, unter solchen andauernden Schmerzen.

Häufig treten die Schmerzen dort auf, wo sich die seelische Information im menschlichen Körper aufhält oder an ihn geheftet hat. Dies lässt sich durch die energetischen Änderungen erklären: An dieser Stelle verringert sich die Qualität der Energie, was zu Schmerzen führen kann. Wie bereits erwähnt, besteht die seelische Fremdinformation aus Yin-Energie. Das Yin-Qi kann fließen oder sich sammeln. So können bei fließendem Yin-Qi wandernde Schmerzen entstehen. Wir haben beobachtetet, dass dies besonders bei tierischen Seelen vorkommt, da Tiere sehr unruhig sind und nicht an einer Stelle im Körper bleiben. Bei stagnierendem Yin-Qi kommen dagegen drückende, stechende, brennende oder stumpfe Schmerzen vor.

Bluthochdruck

Wenn sich die seelische Information am Kopf eines Menschen anheftet, kann dies zu einem plötzlichen Anstieg des Blutdrucks führen, verbunden mit Panikattacken, Unruhe, Kälteschauern und Schweißausbrüchen. Höchstwerte von über 200 mmHg sind dann nicht ungewöhnlich. Manche Menschen haben tagsüber einen normalen Blutdruck, und nur abends steigt er scheinbar grundlos an. Andere haben dauerhaft erhöhten Blutdruck. Ein Großteil der Betroffenen ist unruhig, leicht reizbar und gerät schnell außer Kontrolle. Bei dem von seelischen Fremdinformationen verursachten Bluthochdruck können Arzneimittel wenig ausrichten.

Hormonstörungen

Wenn Menschen von seelischen Informationen des jeweils anderen Geschlechts besetzt werden, können Beeinträchtigungen ihres Geschlechtslebens auftreten. Zum Beispiel kann der Geschlechtstrieb nachlassen oder ganz versiegen. Mitunter lehnen die betroffenen Menschen aber auch ein normales Sexualleben ab. Andere haben zum Beispiel starke Bedürfnisse nach Sexualität oder träumen häufig von sexuellen Erlebnissen.

Wenn eine Frau von einer männlichen seelischen Information besetzt wird, wird oftmals nach längerer Zeit ihre Periode unregelmäßig, die weiblichen Hormone nehmen ab, die Periode setzt aus, oder es erhöhen sich die männlichen Hormone, sodass bei der Frau verstärkt männliche Geschlechtseigenschaften auftreten können. Dementsprechend kann ein männlicher Betroffener ebenfalls Probleme bekommen, wenn er von einer weiblichen seelischen Information besetzt wird.

Partnerbeziehungen werden dadurch sehr beeinträchtigt. Wenn eine weibliche Fremdseele beispielsweise einen Mann besetzt hat, hat sie oft den Wunsch nach männlichen Sexualpartnern, was zu gleichgeschlechtlichen Sexualkontakten des betroffenen Mannes führen kann. Hat er eine Partnerin, wird diese als Konkurrentin wahrgenommen und gerät ins Abseits. Das Gleiche gilt für Frauen mit männlichen Besetzungen.

Hat die fremde Seele das gleiche Geschlecht wie der Betroffene und er oder sie lebt bereits in einer Beziehung, kann dies dazu führen, dass der besetzte Partner anfängt fremdzugehen. Wenn der Betroffene alleine lebt, fällt es ihm oft schwer, einen Partner zu finden bzw. eine dauerhafte Beziehung aufrechtzuerhalten, weil er häufig grundlos die Beziehung abbricht, obwohl er dies später bereut. Dies wiederholt sich dann bei der nächsten Beziehung. Die Betroffenen leiden oft sehr unter diesen Widersprüchen, in die sie sich immer wieder verstricken.

In einigen alten chinesischen Büchern wird von einem weiteren Phänomen berichtet. So können die Seelen Verstorbener, die sich auf einer niedrigeren Energiestufe befinden, durch sexuelle Erlebnisse mit den Lebenden ihre Energien auffüllen. Die betroffenen Menschen haben dann oftmals sehr lebhafte sexuelle Träume mit Personen, die sie nicht kennen. Der Gesundheitszustand der Lebenden wird dadurch jedoch von Tag zu Tag schlechter. Ihr Nieren-Qi wird schwächer, die Nierenfunktionen lassen allmählich nach, und der Hormonspiegel kommt durcheinander oder schwankt, sodass sie leicht unter Frauen- oder Männerkrankheiten leiden können. Die Betroffenen haben im Alltag kein sexuelles Interesse mehr an ihrem Partner.

Eine Frau beklagte sich bei uns darüber, dass sie und ihr Mann kein Liebesleben mehr hätten, obwohl sie sich liebten. Sie schlafen nebeneinander im Bett, doch ihr Mann hätte sie seit mehr als zehn Jahren nicht mehr berührt. Das war für sie so unerträglich, dass sie sich mehrfach sogar scheiden lassen wollte. Ihr Mann äußerte, dass er sie liebe und bat sie, ihn nicht zu verlassen. Doch die Kinder waren inzwischen erwachsen, und sie wollte sich von ihrem Mann trennen. Sie hatte von der Möglichkeit der Regulierung der Informationskrankheiten gehört und kam zu uns mit der Bitte, ihnen zu helfen. Meisterin Tianping fand bei ihrem Ehemann heraus, dass er tatsächlich von einer weiblichen seelischen Information besetzt war. Nachts hatte er häufig sexuelle Träume mit dieser Fremdseele. Wir haben die seelische Information, die den Ehemann besetzt hatte, aus der Entfernung weggebeten. Als die Frau nach dem Seminar nach Hause kam, öffnete der Mann ihr die Tür und hat sie seit über zehn Jahren zum ersten Mal herzlich umarmt. Zwei Monate später kam sie zu uns und bedankte sich sehr. Seitdem die seelische Information weggegangen war, seien sie glücklich miteinander wie ein frisch verheiratetes Ehepaar, und sie hätten eine »Hochzeitsreise« gemacht.

Wenn die sich anheftende seelische Information vom jeweils anderen Geschlecht stammt, kann es möglicherweise auch zu einer Änderung der Orientierung des Geschlechts beim Betroffenen kommen. Oft ändern sich in diesem Zusammenhang Vorlieben und Geschmack hinsichtlich der Kleidung, mitunter auch sekundäre körperliche Geschlechtsmerkmale. Wir haben zum Beispiel bei manchen weiblichen Personen einen männlichen Schatten gesehen. Diese Frauen kleideten sich männlicher, und die Haare waren so kurz geschnitten wie bei einem Mann. Die Hormone haben sich in manchen Fällen sogar derart geändert, dass der Kehlkopf dicker wurde. Eine Menstruationspause war eingetreten, und auch das Verhalten wurde männlicher. Bei Männern ist es dagegen genau umgekehrt: Sie bevorzugten dann eher feminine Kleidung und verhielten sich »weiblich«; auch ihre Stimme klang wie die einer Frau. Wenn man diese Menschen nicht persönlich kennt, kann es manchmal schwierig sein, ihr Geschlecht zu bestimmen.

Schlafstörungen und abnorme Träume

Die Seele der Lebenden ist am Tage wach und kräftig; in der Nacht ist sie schwächer und ruht sich aus. Bei der seelischen Information ist es genau umgekehrt: Während das Yang-Qi der Natur am Tage stark ist, ist die seelische Energie der Verstorbenen schwach. Wenn in der Nacht das Yin-Qi stark ist, werden die Fremdseelen dagegen stärker, aktiver und wacher.

Wenn eine seelische Information sich einer Person angeheftet hat oder sich ihr nähert, dann trägt diese Person zwei Seelen in ihrem Körper, die Tag und Nacht gleichsam »Schichtdienst« machen. Die Personen können in der Nacht entweder nicht schlafen, oder sie werden häufig wach. Trotzdem sind sie tagsüber nicht besonders müde. Wenn die Seele eines Verstorbenen von einem Menschen stammt, der vor seinem Tode schwach, krank oder alt gewesen ist, kann es allerdings passieren, dass der Besetzte sowohl tagsüber als auch nachts schläfrig ist, sodass er über zehn Stunden schlafen muss und dies immer noch nicht ausreicht. Er ist häufig müde, hat wenig Kraft, will nichts tun, und sein Kopf befindet sich oft wie in einem Dämmerzustand.

Menschen mit seelischen Informationen können viel träumen und das, wovon sie träumen, ist für sie meist belastend. Es kann sich um wiederkehrende Träume oder Albträume handeln, in denen sie zum Beispiel verfolgt werden. Andere träumen von verstorbenen Verwandten bzw. Freunden oder von sexuellen Erlebnissen. Es kann auch sein, dass die Träume sehr dunkel sind.

Veränderungen des Aussehens

Häufig sehen Menschen, die unter Informationskrankheiten leiden, sehr blass aus. Man hat den Eindruck, es fehle ihnen einfach an Farbe im Gesicht. Auch ihr Gesichtsausdruck kann sich verändern.

Ein blasses Gesicht bekommen die Besetzten meist nur dann, wenn die seelische Information einen bösen und aggressiven Charakter hat oder ihr Yin-Qi besonders stark ist, aber auch wenn sich eine harmlose Fremdseele bereits seit längerer Zeit bei dem Betroffenen befindet.

Bei Menschen, die unter schwereren Informationskrankheiten leiden, kann man beobachten, dass sich ihr Blick oder ihre Stimme häufig verändern kann, so als hätte man zwei verschiedene Personen vor sich. Jedes Mal, wenn sich ihr Blick verändert, wird zugleich der Gesichtsausdruck sonderbar und wirkt befremdlich. Wenn es sich um eine hasserfüllte seelische Information handelt, können die Blicke der Besetzten plötzlich böse und aggressiv werden.

Psychische Veränderungen

Eine Informationskrankheit beeinträchtigt ebenfalls unser Denken und Fühlen. Zum Beispiel bewirken die Störungen bei vielen Betroffenen eine Veränderung ihrer Gefühlswelt. Charakter und Vorlieben werden ungewöhnlich, die Gedanken ungeordnet, die Stimmung wird depressiv und Suizidgedanken können auftreten. Gedanken und Verhalten dieser Menschen werden von der Fremdseele kontrolliert. Sie können bei einem Unfall verletzt werden oder gar verunglücken. Wenn die Seele auf solche Weise beeinträchtigt ist, wird auch der physische Körper unvermeidlich in Mitleidenschaft gezogen.

Wenn die Lebenden durch die Gedanken von Verstorbenen gestört werden, können sich die Gedanken der Betroffenen oft schnell verändern und sich widersprechen. Es fällt den Besetzten dann schwer, Entscheidungen zu treffen, und sie sind psychisch instabil.

Ein junger Mann war traurig und besorgt wegen der Beziehung zu seiner Mutter. Als er noch ein Kind war, verliebte sich seine Mutter in einen anderen Mann und ließ sich scheiden. Sein Vater wurde daraufhin stark depressiv und verstarb bald. Das lag über zwanzig Jahre zurück. Inzwischen war er ein erwachsener Mann geworden, hatte selbst Erfahrungen in seinen Liebesbeziehungen gewonnen und der Mutter im Grunde seines Herzens schon längst verziehen. Aber jedes Mal, wenn er sie besuchte, war er ohne Anlass ärgerlich auf sie und voller Wut. Er konnte seine Emotionen nur schwer kontrollieren. Die alte Mutter war seine einzige Angehörige. Er wollte sie nicht verletzen, doch jedes Mal war er aufs Neue unfähig, seine Emotionen zu beherrschen. Hinterher bereute er dies sehr, doch beim nächsten Besuch wiederholte sich das Ganze. Der junge Mann war hilflos und wusste nicht, was er tun sollte. Wir haben mit dem Himmlischen Auge gesehen, dass die Seele seines verstorbenen Vaters bei ihm war, der seiner Frau noch nicht vergeben hatte. Wenn sich die Seele dem Sohn näherte, wurden der Hass und der Ärger des Vaters durch ihn auf seine Mutter gelenkt. Wenn die Seele sich dagegen etwas von ihm entfernte, konnte der Sohn seiner Mutter wieder verzeihen. Dies wiederholte sich so oft, dass er sich permanent in einem inneren Widerspruch befand.

Ein anderer junger Mann war hin- und hergerissen, ob er an unserem Seminar teilnehmen solle oder nicht. Er hatte gehört, dass Tian Gong den Menschen mit solchen Problemen wie den seinen sehr gut helfen könne und hatte auch den starken Wunsch, sich durch die Tian Gong-Übungen selbst zu verändern. Andererseits fürchtete er, die Übungen nicht erlernen zu können, weswegen er auch keinen Erfolg haben würde. Außerdem hatte er noch viele Fragen und Zweifel. Gequält sagte er uns, egal, worum es ginge, es sei für ihn sehr schwer, eine Entscheidung zu treffen. Wenn er zum Beispiel ein Glas Honig im Supermarkt kaufe, brauche er oft eine halbe Stunde, um zu überlegen, welche Sorte er nehmen solle. Zwei Minuten vor Beginn verließ er den Raum leider wieder und blieb nicht zum Seminar.

Infolge der Einwirkungen durch seelische Fremdinformationen kann die Stimmung der Betroffenen sogar größeren Schwankungen unterliegen. Manchmal können ohne ersichtlichen Grund plötzlich Panikattacken, Traurigkeit, Unruhe, Depressionen oder Sozialphobien auftreten. Auch

Zwangshandlungen wie Putzwahn gehören in dieses Spektrum der Störungen.

Im extremen Fällen kann eine seelische Fremdinformation die Person dazu bringen, sich selbst zu verletzen oder Selbstmord zu begehen. Eine der Regionen mit der höchsten Suizidrate der Welt ist das materiell hoch entwickelte Nordeuropa. Das hängt unter anderem damit zusammen, dass dort lange Winter mit langen, dunklen Nächten herrschen, wodurch ein Yang-Qi-Mangel entsteht und das Risiko einer Informationskrankheit erhöht ist.

Eine hübsche Frau aus Berlin, Anfang zwanzig, hatte eine qualifizierte Ausbildung und stammte aus einer wohlhabenden Familie. Alle paar Tage schnitt sie sich mit einem Messer in Handgelenke und Arme. Nachdem die Arme mit Narben übersät waren, ging sie dazu über, sich in die Beine zu schneiden. Sie hatte fast hundert Schnittwunden am ganzen Körper. Immer dann, wenn sie den Anweisungen der seelischen Fremdinformation nicht folgte, kam sie nicht zur Ruhe. Erst wenn sie sich wieder verletzt hatte, kehrte für einige Zeit Ruhe ein.

Änderungen der Vorlieben, der Gewohnheiten und des Charakters

Wenn eine Person über einen längeren Zeitraum von einer seelischen Information besetzt ist – untrennbar wie der Körper und sein Schatten – können sich die Vorlieben, der Geschmack, die Gewohnheiten und der Charakter des Verstorbenen unmerklich auf die besetzte Person übertragen und sie verändern. Anders als zuvor beginnt diese Person dann vielleicht einen einseitigen Appetit zu entwickeln, Alkohol und Kaffee zu trinken oder zu rauchen. Mit der Zeit kann sich daraus eine Sucht entwickeln. Drogen-, Spiel-, Kauf- und Sammelsüchte lassen sich ebenfalls hiermit erklären. Manchmal wählt die besetzte Person auch nur eine andere Art der Kleidung, der Farben oder trägt eine neue Frisur.

Die Tian Gong-Praktizierende Claudia aus Berlin berichtete: Nachdem sie in eine neue Wohnung umgezogen war, fing sie an, unmäßig viel Alkohol zu trinken. Eigentlich wollte sie nicht trinken, konnte es aber nicht kontrollieren.

Zuerst versuchte ich, sie mit einer normalen Energieübertragung zu regulieren. Mit dieser Methode habe ich vielen Menschen geholfen, sich von verschiedenen Süchten und ungesunden Gewohnheiten zu trennen. Aber diese Methode wirkte bei ihr nicht. Nur einen einzigen Tag konnte sie auf Alkohol verzichten. Mir war klar geworden, dass diese Störung von einer seelischen Fremdinformation verursacht wurde. Mit dem Himmlischen Auge habe ich dann tatsächlich gesehen, dass hinter ihr ein schwarzer Schatten stand – die seelische Information eines Alkoholikers. Er war derjenige, der trinken wollte. Zuerst habe ich mich mit ihm in Gedanken unterhalten und wünschte, dass er Claudia verlassen möge. Dann bat ich das Universum, die Seele des Verstorbenen zu regulieren. Seitdem trinkt Claudia kaum noch Alkohol.

In einem anderen Fall litt eine Frau aus Bremen an Esssucht. Sie hatte bereits Übergewicht. Auch wenn sie keinen Hunger habe, müsse sie ständig essen und könne es überhaupt nicht kontrollieren, erklärte sie uns. Wir untersuchten die Ursache und fanden heraus, dass die Seele ihrer verstorbenen Großmutter bei ihr war. Diese hatte zu ihren Lebzei-

ten eine Hungersnot erlebt und machte sich später immer wieder Sorgen, nicht satt zu werden, weswegen sie ständig etwas essen musste. Die Frau bestätigte, dass ihre Großmutter während des Zweiten Weltkrieges Hunger gelitten hatte. Nach dem Krieg fing sie an, sehr viel zu essen, auch ohne Hunger zu haben. Die Bedürfnisse der seelischen Information waren auf die Enkelin übergegangen, sodass diese immerzu essen musste. Wir baten das Universum um Hilfe, die Seele der verstorbenen Großmutter weg zu bitten, und hofften, dass die Enkelin Bi Gu bekommen könne. Noch am selben Tag bekam sie die Bi Gu-Energie, und einen Tag später erzählte sie uns freudestrahlend, dass sie seit gestern keinen Gedanken mehr ans Essen gehabt hatte – und sie war wach und fit.

Auch der Charakter eines Menschen kann sich durch seelische Fremdinformationen verändern. Wenn zum Beispiel ein optimistischer Mensch von der Information einer depressiven Seele besetzt wird, kann es passieren, dass er mit der Zeit ebenfalls depressiv wird.

In Spanien lernten wir den folgenden Fall einer auffälligen Charakterveränderung kennen.

Ursula, eine Tian Gong-Praktizierende aus Spanien, war eine optimistische, aufgeschlossene und humorvolle Frau. Alle mochten sie, doch seit Dezember 2004 wurde es schwierig, mit ihr umzugehen. Da sie krank war, haben sich die Menschen in ihrer Umgebung viel um sie gekümmert. Doch Ursula begann, sie auf eine bestimmte Art »schief« anzusehen, unfreundlich und unhöflich zu werden. Sie beleidigte die anderen dermaßen, dass einige Angst vor ihr bekamen und keinen näheren Kontakt mehr zu ihr wollten.

Wir führten eine Untersuchung mit dem Himmlischen Auge für sie durch und fanden die Seele eines Mannes, der hinter ihr stand. Es war die Seele eines verstorbenen Familienmitglieds: groß, gut aussehend und stolz, und er sah die anderen genauso »schief« an. Ursula bestätigte, einen Onkel gehabt zu haben, wie wir ihn mit dem Himmlischen Auge gesehen hatten: ein arroganter Mann, der die Menschen durch seine Worte oft verletzt hatte. Ursula erinnerte sich, dass sie eines Nachts im November 2004 plötzlich wach wurde, weil sie spürte, wie ein kalter Wind ins Zimmer eingedrungen war. Sie bekam sofort eine Gänsehaut. Im Nachhinein erfuhr sie, dass ihr Onkel in dieser Nacht verstorben war. Ursulas Bekannte und Freunde bemerkten zu diesem Zeitpunkt ihre charakterliche Veränderung.

Unfälle im Alltag

Fremdseelenstörungen können nicht nur die Betroffenen krank machen, sondern auch Unfälle im Alltag verursachen. Ganz konkret äußert dies sich entweder dadurch, dass die Fremdseele einen in gefährliche Situationen bringt oder die Fremdseele die Kontrolle über den physischen Körper des Besetzten übernimmt, wie im folgenden Beispiel:

Frau Su berichtete uns von einem schweren Autounfall, den sie selbst erlebt hatte: Sie fuhr auf der Autobahn und merkte plötzlich, dass ihre Hände keine Gewalt mehr über das Lenkrad hatten. Es war, als ob eine andere Person das Lenkrad steuern würde. In voller Fahrt rammte sie nacheinander drei Autos.

Wir sahen mit unserem Himmlischen Auge folgendes Bild: Eine Fremdseele will sich rächen und sie töten. Zum Glück hatte Frau Su vorher bereits Xiu Lian praktiziert und besaß so viel positive Energie, dass sie Widerstand leisten konnte. Obwohl das neue Auto nur noch ein Haufen Schrott war, blieben Frau Su und alle Insassen der anderen Autos unverletzt.

Seelische Informationen und energetisches Feng Shui

Jede Person, jede Familie und jeder Ort hat ein Energiefeld mit individuellen Informationen. Wenn eine Person durch negative Fremdinformationen gestört wird, kann dies Auswirkungen auf ihr persönliches Energiefeld und im schlimmeren Fall auch auf die Menschen in ihrer Umgebung sowie auf den Ort selbst haben.

Die Verstrickungen zwischen den Seelen von Lebenden und Verstorbenen können bei Menschen, Tieren, Pflanzen oder anderen Energieformen vorkommen. Wenn sich eine große Anzahl seelischer Fremdenergien versammelt, kann ein sehr starkes negatives Energiefeld entstehen.

Im September 2002 wurden wir auf der Fahrt von Bremen nach Berlin Zeuge von vier Autounfällen, kurz nachdem wir Magdeburg umfahren hatten. Dabei starb ein Mensch.

Letian Shi Fu und ich suchten sofort die Ursache und erschraken: In der Nähe des Unfallortes hielten sich viele Fremdseelen dicht beieinander auf. Sie alle waren während des Zweiten Weltkrieges in einem Konzentrationslager in der Nähe von Magdeburg ums Leben gekommen. Die Yin-Energie der seelischen Fremdinformationen hatte die Autofahrer auf der Autobahn so sehr gestört, dass sie in ihrer Konzentration abgelenkt wurden. Manchmal irrten mehrere Seelen auf der Autobahn hin und her, die Fahrer sahen dann »jemanden« die Fahrbahn überqueren und vollführten eine Notbremsung. Oder die Autofahrer verloren die Kontrolle über ihre Hände, sodass sie das Lenkrad nicht mehr steuern konnten und einen Unfall verursachten. Zurück in Berlin berich-

tete uns eine Freundin, die diese Strecke sehr häufig fährt, dass sie an dieser Stelle schon öfter Autounfälle gesehen habe.

Informationskrankheiten können sowohl bei Menschen, Tieren und Pflanzen auftreten. Wenn die Seele eines Verstorbenen einen Menschen besetzt, wird sie bei ihm eine Informationskrankheit hervorrufen. Verbleibt sie bei Tieren und Pflanzen, werden auch sie an Informationskrankheiten leiden. Solche Fälle haben wir ebenfalls schon erlebt:

Die Steuerberaterin der Internationalen Tian Gong-Stiftung in den USA hat zwei Katzen, die an Inkontinenz litten. Behandlungen durch mehrere Tierärzte konnten nicht helfen. Nach unserer Untersuchung mit den Tian Gong-Methoden fanden wir heraus, dass sich beide Katzen wegen einer Fremdseele dermaßen erschreckt hatten, dass ihre Nierenenergien stark geschwächt wurden. Ihre Nieren konnten fortan die Blase nicht mehr richtig kontrollieren. Wir baten die seelische Fremdinformation fort, regulierten die Nieren der Katzen und stellten die Energie wieder her. Seitdem sind sie wieder kerngesund, und in dem Haus gibt es keine Geruchsbelästigung mehr.

Wie ist das aber bei Pflanzen? In Deutschland wird viel für die Umwelt getan; allerdings sind ca. 69% der Bäume krank.[16] Das liegt an der Umweltverschmutzung, an den Klimaveränderungen und ähnlichem. Es gibt jedoch einen weiteren Grund, der den Menschen bisher unbekannt ist: Eine große Anzahl von Seelen Verstorbener hält sich in Bäumen bzw. in ihrer Nähe auf und verursacht damit Krankheiten. Nach buddhistischer Auslegung sind Bäume, die größer als ein Mensch sind, ein idealer Ort zum vorübergehenden Verweilen für die Seelen Verstorbener.

REGULIERUNG DER FREMDSEELEN BEI TIAN GONG

Um Krankheiten ausheilen zu können, muss deren Ursache herausgefunden und behandelt werden. Wenn die Ursache im physischen Körper liegt und die Zellen aus ihrer Ordnung geraten sind, sodass sich die Qualität gewisser Zellbestandteile verändert hat, dann kann dies durch die Schulmedizin und durch alternative Medizin behandelt werden. Aber die durch energetische Fremdinformationen entstandenen Beschwerden müssen letztendlich überwiegend mit energetischen bzw. geistigen Methoden behandelt werden. Medikamente werden häufig nicht ausreichen oder keine endgültige Heilung entstehen lassen. Wenn eine Krankheit oder Depression von einer Informationskrankheit verursacht ist, muss die Fremdseele reguliert und Abschied genommen werden, damit ihre energetischen Schwingungen den Betroffenen nicht mehr beeinträchtigen. Sicherlich sind Arzneimittel oder Operationen eine Lösung für leichtere Informationskrankheiten. Wenn allerdings die seelische Fremdinformation den Patienten nicht verlässt, kann der Patient leicht einen Rückfall bekommen oder es treten an der Stelle andere Symptome oder Beschwerden auf.

Aus diesem Grund war die Regulierung von Fremdseelen von Anfang an eine wichtige Arbeit von Tian Gong. Denn wir erkannten, dass das Ablösen der Besetzungen der erste Schritt auf dem Weg zu nachhaltiger Heilung und Entwicklung ist.

»Das Glück war so tief und für den Verstand so unfassbar.«

Ich war nie ein emotionaler Mensch gewesen, eher sehr ruhig und still. Seit ich angefangen hatte, Qi Gong zu praktizieren, erwachte in mir jedoch eine unberechenbare Wut, die sich sehr leicht unkontrolliert gegenüber meiner Familie entlud. Als sich die Möglichkeit ergab, sprach ich Meisterin Tianying darauf an. Sie ging zunächst alle meine früheren Erkrankungen und weiteren Symptome durch. Alle hatten mit mangelndem Nieren-Qi zu tun.

In meiner Jugend hatte ich einen riesigen Tumor in meinem Bauch und alles, was mein Arzt mir an Erklärung gab, war: Die Frage sei nicht, »Warum gerade ich?«, sondern »Warum nicht ich?« Ich war 16 und gab mich zufrieden.

Doch jetzt – 12 Jahre später – saß ich hier mit Tianying, und sie sah mich mitfühlend an und sagte: »Es ist nicht normal, dass ein Kind so eine schlimme Krankheit bekommt.« Sie erklärte mir, dass diese Form der Erkrankung seine Ursache in einem schwachen Nieren-Qi hat, doch dass wir noch weiter schauen müssten, um den Grund dafür zu finden. Es sei nicht normal, dass ein junges Mädchen so einen starken Energiemangel hätte. Und in mir stieg die tiefe Erkenntnis auf, dass sie recht hatte. Das ist nicht normal. Man sollte unbeschwert, gesund und voller Energie sein und nicht niedergedrückt, traurig und schließlich schwer krank.

Sie entdeckte hinter mir die seelische Information eines Soldaten. Ich hatte schon von diesen Phänomenen gehört, es aber für mich doch ausgeschlossen. Tianying lächelte nur und meinte, dass alle immer denken würden: »Ich habe das nicht.« Sie erkannte, dass meine Seele sehr wütend über diese Besetzung war und sich nun, da ich ihr durch die Qi Gong-Übungen Raum gab, Ausdruck verlieh. Sie empfahl mir einen speziellen Regulierungskurs zu besuchen, da ich es alleine nicht schaffen würde, diese energetische Störung zu beheben. Eine Woche später saß ich dann mit Schmerzen im Zug von Berlin nach Rostock zum Kurs. Ich hatte eine sehr unruhige und nervöse Woche hinter mir. Am Tag des Kurses wachte ich mit solchen Krämpfen auf, dass ich daran dachte, alles abzusagen. Doch ich fuhr. Einhundert Meter vorm Eingang wurden die Schmerzen so schlimm, dass ich mich nur noch gebeugt und mit angehaltenem Atem nähern konnte. Dann hatte ich einen Moment, wo alles ganz klar war. Ich gehe da jetzt rein, komme, was wolle, sagte ich mir. Ich betrat entschlossen das Haus, bezahlte meine Gebühr, und die Schmerzen hörten augenblicklich auf. Ich setzte mich in den Seminarraum, schloss die Augen und begann überraschenderweise zu weinen. Ich öffnete die Augen wieder und beruhigte mich. Doch sobald ich die Augen schloss, stieg eine quälende Traurigkeit in mir hoch. Ich hatte keine Ahnung, warum ich so traurig war. Dann begann die Regulierungsarbeit, und ich weinte und weinte und fühlte nichts als Traurigkeit. Auch in der Pause war ich wie eingehüllt in dieses Gefühl. Während der zweiten Regulierung wurde mir leichter, mehr spürte ich nicht. Doch dann sagte Tianping plötzlich, sie sehe da noch einen Soldaten, der sich bis eben versteckt gehalten hätte und da wusste ich, dass das mein Soldat war. Schon lange Zeit hatte ich eine merkwürdige Zerrissen-

heit in mir. Ich wollte immer gleichzeitig im Rampenlicht stehen und mich unbedingt zwischen den Menschen versteckt halten. Nur nicht auffallen, war immer meine Devise. Ich erinnere mich jetzt, dass ich in meiner mittleren Kindheit noch gar nicht so war. Da war ich Klassensprecherin, Spielführerin und Bandenanführerin. Doch unmerklich hatte sich meine Persönlichkeit verändert.

Direkt nach der Regulierung spürte ich ein ungewohntes Gefühl in meinem Bauch. So als wäre da jetzt viel Platz und alles müsste sich jetzt erst mal neu ordnen. Dann kam die Pause. Und plötzlich riss es mich von meinem Stuhl hoch. Auf einmal war da nur noch Freude und Freiheit. Ich konnte nicht mehr sitzen, daher lief ich im Raum herum. Doch ich musste springen, so glücklich war ich. So dezent wie möglich sprang ich daher an einer Seite des Raumes hin und her. Ich hatte den Drang, mich vor Tianying und Tianping dankbar auf den Boden zu werfen. Doch ließ ich es, ich traute mich nicht. Aber die Energie dazu wäre definitiv dagewesen. Ich glaube, ich war so glücklich wie noch nie zuvor in meinem Leben. Das Glück war so tief und für den Verstand so unfassbar. Ich fühlte die Freude meiner Seele, die nach so langer Zeit wieder frei war und sich nun leichter verwirklichen konnte.

Etwa zwei Stunden später stand ich gerade in Stralsund auf dem Bahnhof und wartete auf meinen Anschlusszug, da rief mich mein Vater an. Es gab da zu diesem Zeitpunkt einige Missverständnisse und Blockaden zwischen uns. Doch er rief mich an, das allein war schon bemerkenswert. Was dann kam, war unglaublich. Er schüttete mir sein Herz aus. Er lobte mich und meinen Mann und konnte gar nicht aufhören, über unsere Tochter zu schwärmen. Da kam so viel Liebe aus dem Telefon, wie ich es von ihm auf diese Weise nie gekannt habe. Er sprach nie direkt über seine Gefühle. Daher war dieses Gespräch so außergewöhnlich, dass ich schnell eine Verbindung zum Seminar sah. Vielleicht war es nicht nur mein Soldat, vielleicht war es unser Soldat. Ich habe keine Ahnung, es hatte sich jedoch nicht nur bei mir, sondern im gesamten Familiensystem etwas gelöst.

Mit großer Dankbarkeit erinnere ich mich an dieses intensivste Erlebnis, dass ich bis dahin erlebt hatte.

T.

Voraussetzungen für eine erfolgreiche Regulierung

An dieser Stelle ist es sehr wichtig zu betonen, dass es sowohl eines hohen Energieniveaus als auch eines hohen moralischen Niveaus bedarf, um wirklich Fremdseelen regulieren zu können und nicht nur dem betroffenem Menschen, sondern auch der Fremdseele zu helfen. Schnell kann der behandelnde Qi Gong-Meister sonst selbst zum Opfer werden. Das ist auch der Grund, warum viele Qi Gong-Meister in China die Regulierung dieser Störungen ablehnen.

Damit die Fremdseelen endgültig loslassen können, ist allerdings auch die Mitarbeit der Betroffenen notwendig. Die Regulierung ist nämlich immer eine enge Zusammenarbeit von den Betroffenen, den Tian Gong-Meistern, den Kosmischen Hochmeistern und den Fremdseelen.

Mitarbeit und Zuversicht

Wie können die Teilnehmer mit uns Qi Gong-Meistern am besten zusammenarbeiten? Die erste Bedingung ist, Zuversicht in unsere Arbeit zu haben. Sie sollten unbedingt glauben, dass die Fremdseelen existieren und dass wir mit der Unterstützung der Hochmeister die Fremdseelen wegbitten können. Um die Realität und das Ausmaß der Informationskrankheiten und die Realität dieses Problems zu verdeutlichen, machten wir in den Anfangsjahren unserer Arbeit häufig zuerst eine »Untersuchung« des Gesundheitszustandes eines Teilnehmers. Dabei zählten wir einige Informationen auf, die nur der Betreffende selber kennen konnte. Somit fiel es den Menschen leichter, unserer Arbeitsweise zu vertrauen und eine gute Zusammenarbeit zu ermöglichen. Sie konnten dann ihr entsprechendes Karma und die Erklärungen dieser Ursachen besser annehmen. Aus Zeitgründen verzichten wir heute meist auf diese Untersuchung. Stattdessen gelten heute die vielen erfolgreichen Regulierungen als Beweis für die Richtigkeit unserer Arbeit.

Die Kraft der Vergebung

Die zweite Bedingung für ein gutes Gelingen ist, das Herz zu öffnen, die Theorie über die Seele anzunehmen und sich auf die Arbeit einzulassen. Hierzu gehört vor allem, die Fremdseelen zu würdigen und zu respektieren, sich bei ihnen zu entschuldigen und die eigenen Fehler, die in Gedanken, Worten und Taten geschehen sind, zu bekennen.

Die Fremdseelen bleiben aus verschiedenen Gründen bei den Menschen. Vielleicht wurde anderen Menschen – in diesem oder einem früherem Leben – Schaden zugefügt, sodass diese jetzt die Gelegenheit suchen, jenes Unrecht auszugleichen. Vielleicht sind es Angehörige, die nicht vorbereitet waren auf das Leben nach dem Tod und daher als herumirrende Seele auf der Erde geblieben sind. Womöglich ist die eigene Seelenenergie durch die Lebens- und Denkweise soweit herabgesetzt, dass man anfällig geworden ist für die heimatlosen Seelen, die eine neue Energiequelle suchen. Die Verantwortung für eine Störung durch Fremdinformationen trägt letztendlich immer wieder der Mensch selbst. Daher ist der erste Schritt auf dem Weg zur Heilung die Bitte um Vergebung. Und dazu ist es notwendig, sich aus tiefstem Herzen zu prüfen, um seine Fehler zu erkennen. Wir entschuldigen uns bei den Fremdseelen, und wir vergeben auch uns selbst. Diese Arbeit muss in großer Aufrichtigkeit geschehen, denn nur so können sich Disharmonien auflösen und die Liebe und Vergebung der Fremdseelen erhalten werden.

Für diese Reinigung der Seele haben wir zwei wunderbare und sehr einfache Methoden vom Universum erhalten. Die »Vier kostbaren Worte der Himmlischen Liebe« (Ich liebe dich. Es tut mir leid. Ich bitte um Vergebung. Dankeschön.) sind vier Sätze, die uns helfen, Verantwortung zu übernehmen und so unsere Beziehungen zu anderen Lebewesen zu würdigen und Verstrickungen mit ihnen aufzulösen bzw. zu transformieren. Diese Übung ist inspiriert von der hawaiianischen Heilungsmethode Ho'-oponopono. Bei der Kreuzübung mit himmlischer Sprache lassen wir dagegen unsere Seele ihre tiefsten Bedürfnisse nach Vergebung und Vergeben selbst ausdrücken. Beide Techniken wenden wir in unseren Kursen mit großem Erfolg an.

Das Vergeben birgt ein immenses Energiepotenzial, deshalb ist es so wichtig, dies in aufrichtiger und kraftvoller Art und Weise zu tun. Dabei ist die Gruppe sehr nützlich. Vielen Menschen fällt es in der Gruppe leichter, in die notwendige Stimmung dafür zu kommen, sodass ein kraftvolles Energiefeld entstehen kann. Diese Energie wird noch verstärkt, in dem wir uns mit der Liebe aus dem Universum verbinden und die kosmischen Hochwesen um Unterstützung bitten. Es baut sich ein Energiefeld der Liebe auf, das alle Seelen gleichermaßen berührt. Das Energieniveau der ganzen Gruppe steigert sich, sodass die transformative Kraft zur Regulierung entstehen kann. Grundsätzlich wird die fremde Seele den Betroffenen verlassen, wenn sie seine aufrichtige Entschuldigung akzeptiert, sich gewürdigt fühlt und/oder die positive Energie des Betroffenen eine gewisse Stufe erreicht hat. Die Fremdseelen, welche bereit sind, die Menschen zu verlassen, werden mit viel Liebe und mit dem Wunsch nach einer guten Entwicklung auf ihrem neuen Weg verabschiedet.

»Über die Toten nur Gutes« (lateinisches Sprichwort)/ **Der richtige Umgang mit den Fremdseelen**

Während der Entwicklung der Regulierungsarbeit haben wir viel über den richtigen Umgang mit den Seelen Verstorbener gelernt. Es ist sehr wichtig, ihnen gegenüber unvoreingenommen zu sein. Wir haben nicht das Recht, über die Beziehung zwischen Hilfesuchenden und Fremdseelen zu urteilen. Außerdem sollten wir es möglichst vermeiden, von »Gespenstern« zu sprechen, wenn wir die verschiedenen Arten der Fremdseelen meinen und auch keine gewaltsamen Methoden des » Austreibens« gegen sie anwenden. Wir haben die Einsicht gewonnen, dass auch sie Lebewesen sind, die nur den physischen Körper als Träger der Seele verloren haben, aber ebenso wie wir Gedanken und Gefühle wie Glück, Wut, Traurigkeit und Freude zeigen und Energie brauchen.

Diese bedauernswerten Seelen waren Menschen, die nicht gut vorbereitet waren auf ihren Tod, sich nur mit der materiellen Welt beschäftigt oder sich in emotionalen Verstrickungen verfangen haben. So bleiben sie noch an unsere dreidimensionale Welt gebunden. Doch ohne Körper bekommen sie keine Energie mehr, sie werden weder gehört noch gesehen und wandern umher oder suchen einen Ort zum Verbleiben.

Wir sollten unser Mitgefühl für sie entwickeln. Dafür ist es hilfreich zu verstehen, was für ein Leben unsere Vorfahren gelebt haben. Die meisten Verstorbenen haben schlimme Kriege erlebt. Die Angst, die sie empfunden haben, hat ihr ganzes Leben geprägt. Gefühle wurden verdrängt und Sicherheitsdenken wurde für viele zum wichtigsten Lebensinhalt. Sie alle haben ihr Bestes gegeben, auch wenn ihr Denken viele Fehler und unheilsame Handlungen hervorgebracht hat. Aus dem Verstehen kann Liebe entstehen.

Das Seminar ist ein Ort, an dem auf beiden Seiten alte Wunden heilen können. Hier ist nicht die Zeit zum Diskutieren, sondern die Zeit, um mit Liebe die Fremdseelen zu würdigen und ihnen durch die Vergebung helfen, loszulassen und sich dem Licht zuzuwenden. Und wir lernen von ihnen, wie wichtig es ist, bereits zu Lebzeiten die Seele zu entwickeln und unsere Beziehungen zu den Mitmenschen und unserer Familie zu harmonisieren.

Ich betone immer wieder, wie wichtig die liebevolle, wenn auch manchmal strenge Regulierung der Fremdseelen ist. Denn wenn sie einfach vertrieben oder geschlagen würden, so würde sich der Hass zwischen ihnen und den Lebenden nur vertiefen. Nur die Liebe kann den Hass mildern. Während unserer Regulierungen haben wir häufig mit dem Himmlischen Auge beobachtet, wie Fremdseelen reagieren, wenn sie von den Menschen, denen sie sich angeheftet hatten, plötzlich Liebe empfangen. Wir entdeckten, dass sie zu »Tränen« gerührt sein können, ihre Vergeltungsabsicht aufgeben und freiwillig gehen.

Während der Regulierungsarbeit nehmen manche Teilnehmer wahr, dass sie leicht aufgeregt oder deprimiert werden, dass ihre Stimmung schwankt oder sich die Gedanken plötzlich verändern, vor allem, wenn die Fremdseelen noch unentschieden sind und mit sich kämpfen, ob sie gehen sollen oder nicht. In solchen Momenten ist es wichtig, sich nicht mit diesen Gedanken zu identifizieren und sich stattdessen wieder mit der Energie von Liebe und Verständnis zu verbinden. Diese unangenehmen Zustände sind ein gutes Zeichen. Die Fremdseele spürt, dass sie gehen muss, nur ist sie dazu noch nicht richtig bereit. Vielleicht kann sie noch nicht vollständig vergeben oder loslassen oder vielleicht hat sie einfach Angst, weil sie nicht weiß, was sie erwartet. Dann spüren die Teilnehmer deren Wut, Trauer oder Angst.

Wir haben öfter auch im Vorfeld eines Regulierungstermins Turbulenzen bei den Hilfesuchenden erlebt. Dann erscheinen sie entweder nicht zur vereinbarten Zeit oder rufen an, dass sie nicht kommen können, ohne eine Begründung abzugeben. Manche sind vielleicht schon unterwegs, aber ohne ersichtlichen Grund passiert etwas, sodass sie nicht ankommen. Andere vergessen den Termin und rufen nicht einmal an, obwohl ihnen dieser Termin vor ein paar Tagen noch sehr wichtig war.

Eine Teilnehmerin aus San Francisco, USA, war von mehreren Fremdseelen besetzt, die von Hass und Vergeltungswünschen erfüllt waren. Mehrmals hatte sie geplant, das Tian Gong-Seminar in Kalifornien zu besuchen, und jedes Mal kam etwas dazwischen. Einmal hatte sie eine Autopanne auf dem Weg zum Seminar, ein zweites Mal hatte sie sich den Termin falsch gemerkt, ein drittes Mal fuhr sie zu einer falschen Adresse und so fort. Jedes Mal ereignete sich etwas Unerwartetes, sodass ihr Seminarbesuch vereitelt wurde. Die Fremdseelen hatten wohl verstanden, dass sie von ihr weggehen müssten, wenn die Frau an diesem Seminar teilnehmen würde. Deshalb versuchten sie mit allen Mitteln, dies zu verhindern. Zum Glück wurde sie beim letzten Mal von ihrer Familie begleitet, die dafür sorgte, dass sie letztendlich doch teilnehmen konnte. Nach mehreren vergeblichen Anläufen war es ihr endlich gelungen! Nun begann für sie ein neues Leben.

Die neue Heimstatt

Bei der Regulierung der Informationskrankheiten haben manche Religionen und Völker Methoden benutzt, mit denen sie die Fremdseelen aus dem Körper des Besetzten vertreiben, ohne sich darum zu kümmern, wohin jene dann gehen. Manche Seelen wurden vielleicht gerade aus dem Körper eines Kindes vertrieben, sind dann auf die Straße gelaufen und hefteten sich nach einer Weile an andere Menschen. Oder sie blieben für ein paar Tage weg und kamen wieder zurück, wenn der regulierende Meister nicht mehr da war. Einige Seelen verließen eine Familie, und im gleichen Moment begannen die Nachbarn sich zu streiten; die Fremdseelen waren nur ein Haus weiter gezogen.

Auch wir haben in der Anfangsphase nur darum gebeten, dass die Seelen weggehen mögen, ohne uns Gedanken darüber zu machen, wohin sie gehen sollten. Heute bitten wir das Universum und die Hochmeister, sich um sie zu kümmern. Bevor die Fremdseelen zu ihren neuen Heimstätten geführt werden, werden sie mit starker Energie von den kosmischen Hochmeistern gereinigt. Entsprechend ihrer energetischen Qualität der einzelnen Seelen bekommen sie eine für sie angemessene Heimstatt. Denn wenn wir den Fremdseelen keinen fairen und gerechten Ausweg bieten, werden sie höchstwahrscheinlich weiterhin andere Menschen stören. Damit das Problem endgültig gelöst werden kann, muss ihnen aber ein guter Weg aufgezeigt werden. Sie sollen lernen zu verstehen, dass sie nun einer anderen Welt angehören.

Was bedeutet »ein Ausweg« für die Seelen der Verstorbenen? Wie wird der Weg für sie bereitet? Diese Fragen führen zum allerwichtigsten Schlüssel für die Lösung von seelischen Besetzungen: Ohne die Anleitungen und die Hilfe durch die Kosmischen Hochmeister haben wir keine Möglichkeit, auch nur den geringsten Erfolg bei der Regulierungsarbeit zu erzielen. Die Kosmischen Hochmeister in den höheren Dimensionen sind immer bereit, uns zu unterstützen. Bei jedem speziellen Seminar für Informationskrankheiten kommen die Gottheiten, um die Seelen der Verstorbenen abzuholen und zu geleiten. Einzig göttliche Wesen sind in der Lage, sie auf den rechten Weg zu führen.

Eines haben wir ganz klar verstanden: In unserer Funktion als Qi Gong-Meister sind wir nur eine Brücke zwischen den Lebenden, den Seelen der Verstorbenen und den Hochmeistern. Wir sind dem Universum unendlich dankbar für diese Aufgabe, die wir in dem Bewusstsein erfüllen, dass uns eine große Ehre zuteil geworden ist.

Nach der Verabschiedung

Nachdem die Fremdseelen die Betroffenen verlassen haben, spüren manche Teilnehmer, dass in einem Körperteil ein Energieloch entstanden ist oder dass sie sehr erschöpft sind. Häufig sind energetische Wunden oder Energielöcher an der Stelle des Körpers entstanden, wo sich die Fremdseele aufgehalten hat. Aus diesem Grund wird noch während des Seminars unverzüglich neue, gesunde Energie zugeführt, um die Energielöcher aufzufüllen. Durch eine Energieübertragung werden diese Energielöcher verkleinert oder sogar ganz geschlossen. Dadurch wird die Müdigkeit schneller verschwinden.

Die Regulierung bedeutet jedoch nicht, dass der Körper sofort wieder komplett und gesund ist. An den Stellen, wo eine seelische Information »gewohnt« hat, bleibt oft krankes, kaltes, verschmutztes und negatives Qi zurück, das die Körperzellen bereits krankhaft verändern kann. Es ist jedem Betroffenen sehr ans Herz zu legen, nach dieser speziellen Regulierung weiterhin Energieübungen wie zum Beispiel Qi Gong oder auch Yoga im Alltag anzuwenden, um das kranke Qi aus dem Körper abzuleiten, eventuelle Energielöcher zu schließen und allgemein das Energieniveau zu erhöhen. Es ist wie beim Tischabräumen – sind die groben Reste beseitigt, muss der Tisch noch gründlich abgewischt werden! So wird auch der Körper durch Qi Gong-Übungen »gereinigt«, bevor er gesund werden kann.

Nach einer Regulierung brauchen die Teilnehmer häufig eine Zeit der Anpassung. Die Fremdseelen waren oft mehrere Jahre mit ihnen zusammen, nun sind sie nicht mehr da. Einige Teilnehmer haben das Gefühl, dass ihnen etwas fehlt oder sie nehmen ihr eigenes »Ich« nicht mehr richtig wahr. Wenn eine Tochter über vierzig Jahre lang immer mit der Seele ihrer verstorbenen Mutter zusammen war, könnte sie, sobald die Seele der Mutter gegangen ist, spüren, dass ihr irgendetwas fehlt. Vielleicht fühlt sie sich für eine gewisse Zeit unsicher und alleingelassen.

Je länger die Menschen mit einer seelischen Fremdinformation zusammen waren, desto mehr sind sie von ihr – wenn auch unmerklich – beeinflusst worden. So haben wir zum Beispiel negative Gewohnheiten von ihr übernommen. Nach dem Weggehen der Fremdseele müssen wir daher unsere Verhaltens- und Denkweisen genau überprüfen und negative Muster durch unsere Willenskraft verändern und verbessern.

Eine Freundin von mir – Inhaberin eines Restaurants – spielte gerne im Kasino. Ab und zu brachte sie ein oder zwei Spielgeister mit nach Hause. Ihr passierten dann häufiger Unfälle. Wir baten die Spielgeister wegzugehen, und meine Freundin ging nicht mehr ins Kasino. Einige Zeit verging, und sie begann sich zu langweilen. Nach Feierabend ging sie erneut spielen. Als sie dann einmal in ihrer Restaurantküche scheinbar ohne Grund auf dem Boden ausrutschte, geriet ihre Hand dabei in einen Topf mit siedendem Öl, und sie erlitt eine schwere Verbrennung. Wir untersuchten aus der Ferne den Unfall und fanden heraus, dass dies ein Spielgeist getan hatte. Wir fragten sie, ob sie wieder spielen gegangen war. Sie bestätigte das.

Dieses Beispiel zeigt, dass wir aktiv an unserer Veränderung mitwirken müssen. Dies geschieht durch positives Denken und Verhalten. Erst dann können wir ganz aus dem

Schatten des fremden Einflusses heraustreten. Anders ausgedrückt: Zuerst muss die seelische Information gehen, danach beginnt die Arbeit an uns selbst. Nun ist der Weg frei, und der Mensch kann sein seelisches Potenzial voll entwickeln.

Manche Teilnehmer waren über längere Zeit mit einer seelischen Information des anderen Geschlechts zusammen und hatten zu ihr eine innige Beziehung aufgebaut. Wenn die Fremdseele dann weggeht, kann der Abschied unter Umständen schwerfallen. Gleich aus welchem Grund, die Teilnehmer sollten die Seele des Verstorbenen niemals zurückhalten. Die Seelen würden dadurch ernsthaft gestört.

Im Jahr 2003 kam eine Frau aus Ostdeutschland zu uns. Sie hatte Depressionen, lebte zurückgezogen, war alkoholabhängig und kraftlos. Nachdem die Fremdseele sie verlassen hatte, war sie eine andere Person geworden und führte ein völlig neues Leben. Nach ungefähr vier Monaten machte sie eines Tages eine Tian Gong-Übung und dachte plötzlich an die weggegangene seelische Information. Sie nahm in Gedanken Kontakt zu ihr auf: »Wo bist du jetzt? Geht es dir gut?« Plötzlich fiel sie bewusstlos zu Boden. Ein paar Minuten später kam sie wieder zu Besinnung und spürte, dass all die alten Symptome wieder da waren. So musste sie noch einmal zur Regulierung kommen.

* * *

Xiu-Lian-Schlüssel

Den Himmel verehren
Die große Liebe leben
Begierden einschränken
Demut entfalten
Dankbarkeit zeigen
Körper und Seele läutern

NACHHALTIGE HEILUNG UND ENTWICKLUNG

Nach einer Regulierung beginnt die Zeit des Aufbaus und der Vorsorge. Die entstandenen Energielöcher müssen gefüllt werden, und der Körper braucht Kraft, um Krankheiten, die sich durch die Fremdbesetzung manifestiert haben, zu heilen. Außerdem müssen wir wissen, wie wir uns in Zukunft vor einer Störung schützen können.

Für die Stabilisierung der Heilungserfolge und zur allgemeinen Vorbeugung raten wir allen Teilnehmern, Energieübungen in ihre täglichen Gewohnheiten mit aufzunehmen. Besonders in der Zeit nach der Regulierung ist es wichtig, die Energie zu stärken und energetische Löcher aufzufüllen, um geschützt gegenüber neuen Fremdinformationen zu sein und auch um Heilungsprozesse nicht aufzuhalten. Ist die Fremdseele von uns gegangen, beginnt die Zeit des Aufräumens und Neu-Sortierens. Was gehört zu mir und was nicht. Es gibt Beschwerden, die durch das negative Qi der Fremdinformationen entstanden sind. Für diese ist die Heilungschance jetzt da. Es ist weise, diese Chance nicht ungenutzt zu lassen.

Mit Qi Gong oder Yoga und anderen Energieübungen kann der Körper entgiften. Dies ist wichtig, weil ungesunde Ernährung, Luftverschmutzung, Nebenwirkungen von Arzneimitteln und negative Emotionen und Gedanken den Organismus belasten. Zum anderen wird der Körper während dieser Übungen in einen entspannten Zustand versetzt, in dem Stress abgebaut und nur wenig Energie verbraucht wird. In diesem Zustand öffnet sich der Körper für die Energie aus dem Universum und kann Energie aufnehmen. Im Tian Gong-System empfehlen wir die Bronzeglocken-Übung (A1) oder die Nierenübung zu erlernen. Die Bronzeglocke ist eine ganzheitliche Qi Gong-Übung, die dem ganzen Körper Energie zuführt und das Potenzial hat, dieses Energieniveau sehr schnell anzuheben. Die Nierenübung ist gezielt zur Stärkung des Nieren-Blasen-Funktionssystems geeignet. Da dieses System für die Speicherung der Lebensenergie zuständig ist, ist es nach einer Fremdseelenstörung besonders geschwächt und bedarf neuer Energie.

Neben den Energieübungen sollte auf gesunde Lebensgewohnheiten geachtet werden. Eine friedliche und optimistische Stimmung zu bewahren ist dabei ebenso wichtig, wie achtsam mit der Energie umzugehen und sie nicht im Übermaß zu verbrauchen. Dies sind überaus wichtige Prinzipien zur Pflege der Gesundheit und zur Vorbeugung von Krankheiten.

Von der Krankheit lernen

Tian Gong betont stets, dass es nicht sinnvoll ist, sich von Einzelregulierungen durch einen »Heiler« oder Therapeuten abhängig zu machen. Denn eine passive Energieregulierung und Qi-Aufnahme ist keine nachhaltige Methode, um sich von Beschwerden zu befreien. Nach einer Heilung können dann leicht an anderer Stelle neue Krankheiten auftauchen oder alte zurückkehren. Für eine vollständige Heilung ist es notwendig, die Wurzel der Erkrankung zu erkennen und diese dann zu beseitigen und diese liegt häufig tief in uns selbst. Um das zu erkennen, ist es notwendig, über unser Verhalten und unsere Lebensweise zu reflektieren und auf diese Weise nach den Ursachen der Erkrankung zu suchen. Dadurch können wir krankmachende Denkmuster und Überzeugungen aufdecken und transformieren. Auf diese Art übernehmen wir die Eigenverantwortung für unser Leiden und lernen von den Krankheiten.

Reflektion und Innenschau sind in einem energievollen Zustand viel leichter. Ohne Energie fühlen wir uns oft matt und träge und verspüren keine Lust und kaum noch Kraft, uns zu verändern. Alles erscheint uns viel zu anstrengend. Dann ist die Gefahr groß, erneut körperlich oder seelisch zu erkranken, und wir werden wieder anfällig für seelische Fremdinformationen. Für eine wirklich nachhaltige Entwicklung empfehlen wir unseren Teilnehmern daher, selbst Qi Gong-Übungen zu praktizieren, um aktiv den Heilungsprozess mitzugestalten. Wenn wir unser Energieniveau erhöhen möchten, müssen wir uns auch täglich Zeit nehmen, um dem Körper Energie zuzuführen.

Bei einer guten Übungsqualität stehen den Menschen dann genügend Energien zur Verfügung, um an ungesunden oder unnatürlichen Lebensweisen zu arbeiten oder sich die entsprechende Hilfe hierfür zu holen. Wer darüber hinaus Energieübertragungen in der Gruppe besucht, kann den Heilungsprozess beschleunigen.

Diese Arbeit an unseren Denkweisen und unserem Lebensausdruck ist die Arbeit, die wir für unsere Seele tun. Diese Entwicklung der Seele ist der eigentliche Schlüssel zu Gesundheit und Frieden im Leben. Jeder Mensch hat seine Aufgabe und daher auch seinen ganz persönlichen Weg. Um zu erkennen, mit welchen Gaben wir auf die Erde gekommen sind, müssen wir Stück für Stück zu uns finden und alles, was nicht zu uns gehört, loslassen. So können wir uns mehr und mehr entfalten und mit unseren individuellen Persönlichkeiten und Ausdrucksformen dem Universum dienen.

In China gibt es einen Ausdruck für diese Art der Entwicklung: Xiu Lian.

Der Xiu Lian-Weg

In China kennt jeder den Begriff Xiu Lian. Die Geschichten von Menschen, die erfolgreiches Xiu Lian praktiziert haben, sind bis heute in den Herzen lebendig geblieben. Es sind Menschen, die ihr Leben ganz in den Dienst der anderen gestellt haben. Sie folgten dem Gesetz des Universums, lebten nach dem Tao und konnten auf diese Art ihren Körper und ihre Seele reinigen und auf ein so hohes energetisches Niveau bringen, dass sie aufsteigen konnten.

Im Westen ist der Xiu Lian-Begriff noch weitgehend unbekannt, obwohl eine immer größer werdende Zahl von Menschen auf der ganzen Welt Xiu Lian praktiziert. Ein hierzulande bekannterer Ausdruck ist der buddhistische Dharma-Begriff, der eine ähnliche Bedeutung in sich trägt. Dharma ist die kosmische Gesetzgebung, die universelle Lehre, die den Weg zum erleuchteten Zustand weist. Es geht darum, das Leiden zu überwinden und aus dem Kreislauf der Wiedergeburten auszutreten. Zu dem Thema Fremdseelen lehrte Buddha, dass, wenn man im Dharma verankert ist, die äußeren Geister einem nichts anhaben können.

Xiu Lian ist ein taoistischer Begriff. In dieser Sichtweise wird nicht von der »Überwindung des Ich« gesprochen, sondern von der Erlangung eines »wahren, stabilen Ichs«, das nicht mehr von den Illusionen seiner Individualität abhängig ist. Xiu Lian ist der Weg zur Erlangung der Einheit von Körper und Geist, sodass diese zu einer einzigen Energie verschmelzen und auf diese Art zur Erleuchtung streben.

Xiu steht für die Seele – für die Veränderung von Gedanken, Worten und Taten –, und Lian ist die Energiearbeit für den Körper. Die Seele braucht die Hilfe des Körpers, um sich zu entwickeln und erleuchtet zu werden. Seele und Körper, Yin und Yang, helfen einander und ergänzen sich. Ein Körper mit starken Begierden ist für die Seele wie ein Gefängnis. Er sperrt sie ein und verhindert, dass sie den Weg zu Wahrheit und Weisheit gehen kann. Doch wenn eine Seele verunreinigt ist, kontrolliert sie den Körper, sodass er wie ein kleines Boot im Ozean leicht seine Orientierung verlieren kann.

Die Seele entwickeln

Durch das Himmlische Auge können wir die Form der Seele sehen: Seelen mit geringerer Energiequalität können Verletzungen, Wunden oder Deformierungen aufweisen – oder ihnen fehlt sogar ein Seelenanteil (Hun oder Po, siehe Glossar).

Diese seelischen Schäden können durch Traumata sowohl im jetzigen Leben als auch im früheren Leben verursacht worden sein. Oder aber ihre Ursache liegt darin, dass der Betroffene in früheren Inkarnationen jemanden verletzt hat bzw. von jemandem verletzt wurde. Xiu weist uns den Weg zur Reinigung, Heilung, Wiederherstellung, Verbesserung und Stärkung der Seele.

Vergeben

Der erste Schritt zur Heilung ist, sich über das eigene Verhalten und Denken bewusst zu werden. Wie gehe ich mit mir um, wie mit anderen? Es geht darum zu beobachten und wahrzunehmen, wie ich mich in diesen oder jenen Situationen verhalte. Wann werde ich wütend, wann emotionslos und wann fühle ich mich frei und voller Liebe und Freude?

Dieser ersten Betrachtung – dem Erkennen des eigenen Handelns – folgt dann, dass wir die Verantwortung für unser Verhalten übernehmen. Haben wir jemandem Unrecht getan oder ihn mit Worten verletzt, so entschuldigen wir uns dafür. Auf diese Weise erleichtern wir unsere Seele. Denn Schuld, die wir in uns tragen, hindert uns daran, frei und unbeschwert zu sein. Bei Tian Gong nennen wir das »die Seele reinigen«. Jede Tat hat ihre Konsequenzen, und wenn wir andere verletzen, ziehen wir negative Energie an und unsere Seele wird dunkler.

Durch die Reinigung können wir die dunklen Schleier über unserer Seele wieder lichter werden lassen. Wir bitten um Vergebung von Seele zu Seele mittels der »Kreuzübung« und den »vier himmlischen wahren Worten der Liebe« (siehe Anhang). Wir können uns natürlich auch direkt bei den Menschen entschuldigen, wenn sie dafür bereit und noch erreichbar sind.

Zum Entschuldigen gehört auch das Vergeben. Denn alter Groll, den wir mit uns herumtragen, tut uns selbst mehr weh als den anderen. Oft wissen wir schon gar nicht mehr, was eigentlich der Grund eines Streits war und streiten einfach aus Gewohnheit weiter. Üben wir uns lieber im Loslassen und Vergeben – und werden wir gewahr, dass das Karma unbestechlich ist. Wir können nicht wissen, was wir diesen Menschen womöglich in anderen Leben angetan haben, dass sie uns nun derart behandeln. Wenn wir jedoch den ersten Schritt machen, können die Wunden zu heilen beginnen.

Fehler machen und daraus lernen

Es gibt einen Spruch, der besagt: »Es gibt kein Gold, das vollkommen rein ist, und keinen Menschen, der frei von Fehlern wäre.« Wir sollen keine Angst davor haben, Fehler zu machen. Fehler helfen uns dabei, uns zu entwickeln. Wenn wir achtsam mit unseren Fehlern umgehen, können wir sehr schnell große Fortschritte erzielen. Wenn wir uns nicht »täglich dreimal prüfen« können, wie es der chinesische Philosoph Meng Zi (372–289 v. Chr.) empfiehlt, sollten wir wenigstens häufig darauf achten, ob unser Reden und Verhalten dem Tao entspricht oder ob wir Menschen oder anderen Lebewesen um des eigenen Vorteils willen Schaden zugefügt oder andere verletzt haben. Wenn wir Fehler gemacht haben, ist es wichtig, sich diese Fehler einzugestehen. »Ja, ich sehe hier meinen Fehler. Ich sehe, dass andere dadurch jetzt leiden müssen, und es tut mir leid.«

Wenn dieses Bekennen und Bereuen von Fehlern und Schwächen von Herzen kommt, können sich die Disharmonien, die dadurch entstanden sind, auflösen und wir haben die Chance, uns in Zukunft anders zu verhalten.

Dass dies möglich und auch sehr wirkungsvoll ist, zeigen viele Beispiele sowohl von Tian Gong-Praktizierenden – als auch diese überlieferte Geschichte:

Die Redewendung »das Schlachtmesser niederlegen und sofort an Ort und Stelle ein Buddha werden« bezieht sich auf den indischen König Asoka III. (268–232 v. Chr.), der unzählige Menschen dahinschlachten ließ. Als er jedoch einmal mit eigenen Augen die Szene eines Massenmordes sah, erkannte er seine Vergehen und bereute sie zutiefst. Er beendete seine militärische Expansion und betonte von nun an die Barmherzigkeit und das Mitgefühl. Er erhob den Buddhismus zur Staatsreligion und wurde schließlich ein großer König der indischen Geschichte.

Ein anderes Beispiel ist das des Tian Gong-Praktizierenden Martin aus Deutschland:

Martin war Mitte zwanzig und litt seit über sechs Jahren an starken Schmerzen in der Halswirbelsäule. Weder die Schulmedizin, die Traditionelle Chinesische Medizin, noch Qi Gong-Übungen konnten ihm helfen, gesund zu werden. Diese starken Schmerzen ließen ihn nachts oft nicht schlafen. Mit vielen Fragen kam er deshalb zum Tian Gong-Institut. Ich habe mit dem Himmlischen Auge die Ursache seiner Schmerzen untersucht: Er war in einem Vorleben Soldat gewesen und hatte mit einem Messer einen anderen tödlich verletzt. Die Einstichstellen bei dem Opfer entsprechen seinen Schmerzpunkten von heute. Ich habe ihm folgendes »Rezept« gegeben: täglich jeweils morgens und abends die Kreuzübung praktizieren, sich mit Himmlischer Sprache zu seinen Fehlern zu bekennen und diese gegenüber allen Lebewesen, die er im Verlauf all seiner Inkarnationen verletzt hat, zu bereuen sowie aus tiefstem Herzen um Verzeihung zu bitten. Er führte meine Vorschläge aus, und nach einigen Monaten wurden die Schmerzen deutlich geringer. Martin erzählte mir, dass die Schmerzen während des tiefen Zustands des Bekennens und Bereuens völlig verschwunden seien, nach der Übung jedoch wiederkämen. Insgesamt hat sich die Intensität seiner Schmerzen aber deutlich verringert.

Die Heilung karmischer Krankheiten sucht man also am besten zuerst bei sich selbst und nicht bei anderen.

Wir selbst sind der Kapitän – Wegweiser zu unserer Veränderung

Wenn uns bei der Heilung und Wiederherstellung unserer Seele weise Menschen zur Seite stehen, ist das ein großes Glück. Doch auch der weiseste Lehrer kann uns nicht ohne unsere Mithilfe verändern. Wir selbst sind der Kapitän unseres Schiffes. Unsere Lehrer weisen uns die Richtung und können der Wind in unseren Segeln sein, doch wo wir letztlich hinfahren, liegt allein in unserer Hand. Daher ist es wichtig, eine breite, tiefere Sicht auf die Dinge und Zusammenhänge des Lebens zu entwickeln. Dann haben wir mehr Spielraum beim Steuern unseres Schiffes. Wir können die alten Fahrwasser verlassen und neue Wege einschlagen.

Es folgen nun Aspekte, die das Xiu, das heißt, unsere persönliche seelische Entwicklung, voranbringen. Dies sind die Wegweiser zu einem gesunden, friedlichen und freudvollen Leben; mit Liebe und Weisheit.

Begierden einschränken

Laut Plato hat Sokrates gelehrt, dass die Seele des Menschen Stufen habe, nämlich eine höhere und eine tiefere. Seelen mit vielen starken Bedürfnissen und Begierden gehören der niedrigeren, Seelen mit wenigen und schwachen Bedürfnissen der höheren Stufe an.

Durch das Himmlische Auge sehen wir die Farbe der Seele. Seelen mit vielen Bedürfnissen und starkem Ego sind oft dunkel, grau oder schwarz und ziehen leicht Seelen Verstorbener an.

Die Ursachen vieler Probleme in der gegenwärtigen Gesellschaft kann man in einem Wort zusammenfassen: »Gier«. Wir können nicht genug bekommen. Das Übermaß egoistischer Bedürfnisse – sei es Appetit oder Sex, Ruhm, Reichtum, Geld, Luxus oder Besitz – lässt uns die Vernunft verlieren. Es kommt zu Streit und Betrug bis hin zu Kriegen, in denen Unschuldige ums Leben kommen. Wir Menschen strecken unsere Hände immer gieriger aus – nach Tieren, Pflanzen, der ganzen Erde, sogar nach dem All.

Diese Befriedigung unserer übermäßigen Bedürfnisse erschafft nur ein kurzes Glücksgefühl. Schnell ist es wieder verflogen, und wir entwickeln neue glücksverheißende Wünsche.

Es ist gut für jeden von uns, einmal zu prüfen, was wir uns von der Erfüllung unserer Wünsche versprechen und warum wir nicht zufrieden sind, wenn sie sich erfüllt haben. Was brauchen wir wirklich? Möglicherweise hat uns die Suche nach Glück, Frieden und Liebe in eine Sucht nach immer mehr Konsum gestürzt. Das würde heißen, dass wir Menschen dazu neigen, unser Glück im Außen zu suchen. Die Erde soll uns mit all ihren Rohstoffen angenehme Gefühle bereiten, uns die Liebe geben, die wir brauchen. Und sie tut das.

Die Erde gibt und gibt, doch wenn 6,7 Milliarden Menschen ihre inneren Bedürfnisse mit ihren Rohstoffen erfüllen wollen, führt das letztendlich zur Zerstörung unseres Planeten. Wenn wir unsere Erde schützen wollen, ist ein Blick in unser Innerstes notwendig. Wir sollten beginnen, die Bedürfnisse zu hinterfragen und unsere Begierden einzuschränken. Durch Meditation oder die meditativen Qi Gong-Übungen, entwickeln wir eine Verbindung zu unserer eigenen inneren Liebe und zur Liebe des Universums.

Dann brauchen wir weniger, denn wir sind mit uns selbst in Liebe verbunden. Wahren Frieden finden wir nur im Innen, nicht im Außen.

Manche mögen denken: Ich habe weder große Bedürfnisse nach materiellen Dingen, Sexualität, noch nach Ruhm oder Reichtum. Ich will nur mehr Energie, damit ich schneller gesund werde. Auch diese Art der Gier gilt es zu vermeiden. Das Gleiche gilt für den übermäßigen Wunsch (die Sucht oder Sehnsucht) nach spiritueller Entwicklung. Durch unsere Praxis kommen wir voran, ohne genau zu wissen, was geschehen wird. Wir können Heilung oder Entwicklung aber nicht erzwingen. Das ist die Bedeutung des Wortes vom »Geschehen lassen, ohne einzugreifen« von Laotse: »Das Tao tut nichts, doch bleibt nichts ungetan.«

Loslassen

Vor einem halben Jahrhundert kam ein junger Mann nach Tibet, um buddhistische Belehrungen zu erhalten. Ein lebender Buddha lehrte ihn nur zwei Worte: »los-lassen«. Der junge Mann befolgte diese Worte lebenslang und wurde ein großer Gelehrter.

Unser Leben auf dieser Welt ist voller Leid, und alle unterliegen dem Kreislauf von Geburt, Alter, Krankheit und Tod. Doch wie gehen wir damit um? Manche Menschen klagen über ihr Schicksal, andere beschweren sich über Eltern, Lehrer, Vorgesetzte und Arbeitskollegen, die sie für ihr Schicksal verantwortlich machen. Wieder andere sind nach einem Schicksalsschlag in Gefühlen der Trauer gefangen. Doch wie sollen wir mit schwierigen Situationen und Gefühlen umgehen?

Leben und Tod bilden eine Einheit; das ist ein Naturgesetz. Wenn die liebste Person uns verlässt und stirbt, sind wir traurig, doch sollten wir nicht in Trauer versinken oder ständig die Seele des Verstorbenen, die uns eigentlich verlassen soll, zurückrufen, sondern ihrer Seele viel Glück und alles Gute wünschen. Wenn wir nicht loslassen können, stören wir ihre Ruhe und ihren Frieden und beeinflussen sie negativ bei der Suche nach einer neuen Heimstatt, wie das folgende Beispiel zeigt:

In Berlin lebt ein Unternehmer namens Anton. Als seine liebe Frau starb, weinte er lange Zeit und vermisste sie Tag und Nacht. Sein Rufen holte die Seele der verstorbenen Frau, die ihn bereits verlassen hatte, zurück. Mit seinen Augen konnte er ihre Seele aber nicht sehen.

Am ersten Todestag seiner Frau hatte er einen schweren Autounfall. Am gleichen Datum im zweiten und dritten Jahr passierte ihm wieder ein Unfall. Außerdem bekam er Blutdruckschwankungen. Mal ging der Wert in die Höhe und mal in die Tiefe. Sein Herzrhythmus war mal schnell, mal langsam – begleitet von Übelkeit und Erbrechen. Tabletten gegen Bluthochdruck halfen ihm nicht. Er ging zu Letian Shi Fu und bat ihn um Hilfe. Ich war dabei, untersuchte ihn mit dem Himmlischen Auge und fand heraus, dass viele seiner gesundheitlichen Probleme durch die nicht gelöste Verbindung zu seiner verstorbenen Frau verursacht wurden.

In meinem Himmlischen Auge erschien Ji Gong lebender Buddha (1130–1209). Er hielt einen Fächer aus geflochtenen Rohrkolbenblättern in der Hand und sang das Lied vom »Loslassen«:

Loslassen, loslassen, loslassen.
Die Menschen auf der Welt wollen nichts loslassen.
Du lässt nicht los, auch er nicht.
Nicht loszulassen bringt euch Sorgen.
Loslassen, loslassen, loslassen.
Mit Lächeln und Lachen kann man leicht loslassen.
Wann hört der Kummer im Leben auf?
Warum ergreifst du nicht die Gelegenheit loszulassen?
Lass los! Lass los! Lass los!

Seine verstorbene Frau nahm dies sofort zur Kenntnis. Sie hatte verstanden, dass sie allein von ihrer seelischen Energie her noch nicht ins Licht gehen konnte. Sie entschloss sich, die Hinweise von Ji Gong Buddha anzunehmen, ihre Verbindung zur Welt loszulassen und den Xiu Lian-Weg zu gehen. Sie lächelte, drehte sich um und ging an einen schönen Ort, um dort Xiu Lian zu praktizieren.

Die Seele der verstorbenen Frau war gegangen und hatte ihre Verbindung zur Welt und ihre Sorgen gelöst. Alles war wieder normal geworden. Anton sah aus, als ob er zwanzig Jahre jünger geworden sei. Sein Körper war leichter, der Kopf klarer, alle Schmerzen waren verschwunden, Blutdruck und Herzrhythmus hatten sich normalisiert.

Aber dieser gute Zustand hielt nur zwei Tage an. Einerseits war Anton davon überrascht, dass die nächtliche Angst, das Herzklopfen, das Zittern und die Unruhe verschwunden waren. Andererseits wurde er jedoch auch unsicher und dachte: »Ist meine Frau jetzt wirklich für immer weg?«

Er fragte seine chinesische Lebensgefährtin: »Kannst du mir noch genauer sagen, was Letian Shi Fu an jenem Tag erzählt hatte?«

Seine Lebensgefährtin antwortete: »Deine Frau ist weit

weggegangen und macht dort Xiu Lian. Sie kommt wirklich nicht mehr zurück.«

Plötzlich wurde Anton traurig, weinte und dachte innerlich: »Wie kannst du so herzlos sein! Wie kannst du so schnell weggehen und nie mehr zurückkommen wollen?«

Am nächsten Tag erhöhte sich sein Blutdruck wieder. Herzrasen, Muskelzuckungen, Schwindel und verschwommenes Sehen traten wieder auf, sodass er Letian Shi Fu ein zweites Mal aufsuchen und ihn um Hilfe bitten musste.

Letian Shi Fu und ich haben bei ihm noch einmal nachgeschaut und herausgefunden, dass die Seele seiner verstorbenen Ehefrau durch sein »Rufen« in Gedanken wieder zurückgekommen war. In meinem Himmlischen Auge sah ich, wie seine eigene Seele die Seele seiner verstorbenen Frau nicht loslassen und sie noch weiter bei sich behalten wollte. Die Seele der Verstorbenen hielt einen großen Stock, um sich zu wehren und bat ihren Mann: »Bitte, lass mich gehen. Ich will in Ruhe meinen Weg gehen. Warum störst du mich immer noch?«

Letian Shi Fu sprach zu Anton: »Du vermisst wieder deine verstorbene Frau!« Anton senkte den Kopf, er sagte nichts und wurde ganz rot im Gesicht.

In meinem Himmlischen Ohr hörte ich wieder Ji Gong Buddha das Lied vom »Loslassen« singen.

Letian Shi Fu sagte zu Anton: »Deine verstorbene Frau ist bereits auf dem Xiu Lian-Weg, und das Universum ließ sie zurückkommen, um dir zu helfen, damit du die Beziehung endgültig loslassen kannst.«

Anton verstand: Die Liebe darf die Grenze zwischen Yin- und Yang-Welten nicht durchbrechen. Er versprach Letian Shi Fu und seiner Lebensgefährtin, dass er seine verstorbene Frau nicht mehr stören werde. Am selben Tag noch ver-

schwanden all seine Beschwerden. Inzwischen sind ein paar Jahre vergangen. Anton geht es gut, und er ist stabil.

Kommenlassen, was kommt – gehenlassen, was geht

Vor einigen Jahren wurde eine Reportage über den Dalai Lama gezeigt. Es war zu sehen, wie er unterwegs in Indien von dem Tode eines kleinen Kindes erfuhr. Die Mutter war ebenfalls zu sehen, die unglaublich erschüttert war.

Die Reaktion des Dalai Lama war erstaunlich: Tränen der Traurigkeit flossen aus seinen Augen – es entstand ein absoluter Moment des geteilten Leidens. Das Gesicht des Mönchs war von tiefem Schmerz gezeichnet.

Wenig später, als der Dalai Lama weiterfuhr, kam jedoch gleich wieder sein charakteristisches Lachen zum Vorschein – alle Traurigkeit war weitergezogen, wie eine alte, graue Regenwolke.

Toleranz

Mit der Neuzeit, besonders seit der Renaissance, wurde die Individualität des Menschen wie noch nie zuvor betont. Dies führte unter anderem auch dazu, dass der Toleranzgedanke zu einem existenziellen Thema in der menschlichen Gesellschaft wurde.

Toleranz ist zum einen als individuelle, zum anderen als kollektive Toleranz zu verstehen. Die kollektive Toleranz richtet sich auf die verschiedenen Religionen, politischen Parteien, Rassen, Nationen und Staaten.

Mit Toleranz kann sich ein Unglück in Glück wenden, wird eine Familie ein glückliches Leben führen, werden

Rassen, Nationen, Länder und Religionen eine friedvolle und blühende Entwicklung erfahren.

Intoleranz dagegen ist wie ein Schwert mit doppelter Schneide; man schadet dem anderen wie sich selbst. Die Intoleranz eines Individuums führt leicht zu Vergeltungsaktionen, unter den Lebenden ebenso wie zwischen den Lebenden und Verstorbenen. Die Intoleranz einer Gruppe kann eine unermessliche Katastrophe für die ganze Gesellschaft auslösen.

Wenn wir die Zivilisationsgeschichte der Menschheit betrachten, finden wir überall die schrecklichen Gewalttätigkeiten einer kollektiven Intoleranz: Von Sokrates' Verurteilung zum Tode durch Gift bis zur Kreuzigung Jesu Christi; von den zahlreichen Todesurteilen gegen die Christen durch Kaiser Nero bis zu den gewalttätigen Kreuzzügen christlicher Soldaten; von den Millionen verbrannter Hexen bis zur Verbrennung von Jeanne d'Arc und Giordano Bruno; von der Vernichtung mehrerer Millionen Juden während des Holocaust über die Verbrechen während der chinesischen »Kulturrevolution« bis zu den jüngsten Massakern und Völkermorden zwischen Stämmen in Afrika; von den religiösen Auseinandersetzungen im Großen wie im Kleinen bis hin zu terroristischen Anschlägen wie dem vom 11. September 2001 in den USA ... Intoleranz tritt immer wieder mit voller Rücksichtslosigkeit in allen Teilen der Erde auf, und es ist kein Ende abzusehen. Warum ist die Menschheit so unbelehrbar und grausam?

Die Gründer der großen Religionen betonten immer die Toleranz. Jesus Christus gebot die Feindesliebe: »Liebt eure Feinde und betet für die, die euch verfolgen"; Buddha Maitreya konnte all die untolerierbaren Dinge auf der Welt tolerieren.

Die unendliche Weite und Tiefe der Toleranz drückte der französische Schriftsteller Victor Hugo (1802–1885) folgendermaßen aus: »Noch weiter als der Ozean ist der Himmel; noch weiter als der Himmel ist das Herz.« (aus: »Die Elenden«).

Eine chinesische Redewendung drückt das Gleiche mit anderen Worten aus: »Wie der große Berg Tai Shan keine Handvoll Erde ablehnt, weil er nur durch sie seine Höhe erreicht, so weist kein Strom das Wasser der Bäche zurück, denn nur durch sie erlangt er seine Größe.«

Toleranz ist eine fundamentale Errungenschaft. Toleranz ist das »Schmiermittel« des Zusammenlebens. Toleranz kann das Eis zwischen den Menschen schmelzen, den Hass aus den Herzen vertreiben, Kriege verhindern und Frieden schaffen. Die anderen zu tolerieren heißt auch, großherzig zu sich selbst zu sein – das ist ein Zaubermittel zum Nutzen anderer und für sich selbst.

Toleranz ist dennoch kein »Gewähren-Lassen« und bedeutet auch nicht, sich ins Unvermeidliche zu fügen. Toleranz hat ihre Grenzen dort, wo die Würde eines Lebewesens missachtet wird.

Über die positive Wirkung toleranten Verhaltens wird in der Geschichte: »Ein Gedanke bewegt Dämonen oder göttliche Wesen« beschrieben. In der chinesischen Yuan-Dynastie (1271–1368) gab es einen Gelehrten, der von einem Freund so tief verletzt wurde, dass er sich eines Nachts dazu entschloss, den Freund zu töten. Auf dem Weg zum Haus des Freundes kam er an einem Tempel vorbei. An der Tür des Tempels stand ein buddhistischer Meister, der in seinem Himmlischen Auge sah, wie dem Gelehrten ein böser Dämon folgte. Als der Gelehrte beim Haus des Freundes ankam, änderte er plötzlich seine Meinung: Zwar ist er nicht mehr mein Freund, sondern mein Feind, aber seine alte Mutter und seine Frau haben mich nicht verletzt. Werden seine alte Mutter und seine Frau den Halt im Leben verlieren, wenn ich ihn jetzt töte?

Nach einigem inneren Ringen entschloss er sich, dem Freund gegenüber Toleranz zu zeigen und gab den Gedanken auf, ihn zu töten. Er drehte sich um und machte sich auf den Heimweg. Unterwegs kam er wieder am Tempel vorbei. Der Meister stand noch an der Tür und sah im Himmlischen Auge jetzt andere Bilder: Der böse Dämon hinter dem Gelehrten war nicht mehr zu sehen. Über seinem Kopf schwebten göttliche Wesen, die ihn begleiteten und beschützten. Der Meister sprach den Gelehrten an, um ihn zu fragen, was eben geschehen war, und er erzählte ihm, was er im Himmlischen Auge gesehen hatte. Der Gelehrte gestand dem Meister die Wahrheit. Dieser drückte seine Bewunderung aus. Ein Gedanke kann Dämonen in Bewegung setzen – oder auch göttliche Wesen!

Das tolerante Umdenken veränderte das Schicksal des Gelehrten, und er wurde später Beamter. Der Freund starb in einem Krieg.

Wenn der Gelehrte dem Freund gegenüber nicht großherzig gewesen wäre – welche Folgen hätte das nach sich ziehen können? Allein mit dem Gedanken, den Freund zu töten, hatte er bereits den Dämon zu sich gerufen, und von da an war er besessen. Wenn er den Freund getötet hätte, wäre dieses Karma aus seinem jetzigen Leben in sein nächstes weitergegeben worden, mit nicht enden wollendem Leid. Bedeutet das, dass er den Fehler des Freundes guthieß? Nein. Es ging darum, den Hass aufzulösen und nicht neuen Hass zu säen. Was Recht und was Unrecht ist, soll allein vom Universum beurteilt werden!

Dankbarkeit

Jedem Menschen gibt jeder Tag genügend Gründe, Dankbarkeit zu zeigen: Dank an das Universum für die Erschaffung aller Wesen, Dank an die Sonne für den Sonnenschein, Dank an den Regen für das Wachstum der Pflanzen, Dank an Mutter Erde, dass sie uns ernährt; Dank an die Eltern, die uns das Leben geschenkt und uns umsorgt haben, Dank an die Lehrer für das Wissen, das sie uns weitergaben, Dank an die Bauern für das tägliche Brot ...

Wenn ein Mensch es nicht versteht dankbar zu sein und immer nur nimmt, aber nicht zu geben weiß, dann wird er kleinlich und unzufrieden und empfindet keine Freude mehr. Es gibt Menschen, die auf Hilfe mit Gleichgültigkeit reagieren. Es fehlt ihnen an Dankbarkeit, und sie meinen, die anderen seien verpflichtet, ihnen zu helfen. Sie sind sogar unzufrieden, weil sie den Gedanken haben, von den anderen nicht genug bekommen zu haben. Was sie nicht wissen, ist, dass sie mit diesen Empfindungen ein persönliches Energiefeld von Frustration und Unzufriedenheit schaffen. Ihr Energieniveau fällt, und sie werden eher krank werden, schneller altern und das Glück vergeblich suchen.

Eine Frau aus Deutschland beklagte sich oft über ihre Eltern, sie würden sie nicht genug lieben. In Wahrheit sah es anders aus. Sie war das einzige Kind der Familie, und die Eltern verwöhnten sie von klein auf. All ihre Wünsche wurden stets erfüllt. Der Vater, ein Geschäftsmann, war immer bereit, dem Willen seiner Tochter nachzugeben. Zu ihrem dreißigsten Geburtstag schenkte er ihr einen Rennwagen. Sie bekam jeden

Monat fünftausend Euro Taschengeld vom Vater. Sie hatte sich schon daran gewöhnt, alles zu bekommen, was sie sich wünschte. Ihre Bedürfnisse nahmen ständig zu. Wenn ein Wunsch seltsamerweise nicht erfüllt wurde, ärgerte sie sich und beklagte sich bei den Eltern, sie seien nicht gut genug zu ihr. Sie selbst aber kümmerte sich kaum um die Eltern. Wenn sie krank waren, besuchte sie sie nicht. Nach dem Tod ihrer Mutter erkrankte sie schwer.

Wir sollten die Gaben der anderen immer im Herzen behalten und uns gleichermaßen bei den Menschen bedanken, die uns geholfen haben, wie bei denjenigen, die uns Probleme bereitet haben.

Das Potenzial in den persönlichen Krisen

Jeder Mensch hat in seinem Leben Misserfolge, und das Leben verläuft nicht immer wunschgemäß. Wir neigen dazu, uns bei jedem Scheitern bei der Welt zu beklagen. Doch Misserfolge sind immer ein große Chance. »Große Krise – große Chance«, so Letian Shi Fu. Alle Rückschläge in unserem Leben, haben das Potenzial, uns voranzubringen. Wenn wir Situationen weniger bewerten und mehr »verwerten«, können sich unsere größten Krisen als wahre Wachstumsschübe entpuppen. Mit Dankbarkeit können wir dann die Situationen annehmen, analysieren und Veränderungen einleiten. Wir sind dankbar, weil uns gezeigt wurde, dass es in diesem Bereich unseres Lebens keine Harmonie gibt. Wir sind Menschen, wir können unseren Willen dazu benutzen, uns zu verändern. An Schwierigkeiten und Misserfolgen wachsen wir, denn sie stärken unsere Kraft und unseren Lebensmut, fördern unser Wissen und unsere Weisheit. Wir sollten uns auch bei den Fremdseelen bedanken, weil wir durch sie mehr über den Sinn des Lebens erfahren.

Könnten wir die Schwierigkeiten des Lebens wie Enttäuschungen und Unglück aus einer anderen Perspektive sehen, dann wäre unsere Stimmung ausgewogener, und wir hätten einen aktiveren Unternehmungsgeist. »Das Leben ist ein Spiegel. Wenn du ihn mürrisch anblickst, blickt er mürrisch zurück. Wenn du lächelst, lächelt er zurück.« (vgl. W. M. Thackeray, 1811–1864)

Auch hierzu gibt es eine Geschichte aus China:

Eine depressive Frau verbrachte jeden Tag mit Kummer und Sorgen. Eines Tages traf sie einen weisen alten Mann, der ihre besorgte Miene sah und nach dem Grund dafür fragte. Die Frau erklärte ihm, dass sie zwei Töchter habe. Die ältere sei mit einem Mann verheiratet, der Regenschirme verkaufe, und die jüngere mit einem, der Ziegel produziere. Bei Regen mache sie sich Sorgen um die jüngere Tochter, weil dann keine Ziegel hergestellt werden können. Bei schönem Wetter sorge sie sich um die ältere Tochter, da keine Regenschirme verkauft werden können. So verbrachte sie fast jeden der dreihundertfünfundsechzig Tage im Jahr sorgenvoll. Sie war noch nicht sehr alt, aber die Sorgen ließen sie viel älter erscheinen, als sie eigentlich war. Als der weise alte Mann das gehört hatte, lachte er und gab ihr einen Rat:

»Bei gutem Wetter bedankst du dich bei der Sonne, weil die Familie deiner jüngeren Tochter Ziegel herstellt und mehr verdienen kann. Und bei Regen sollst du dich beim Himmel bedanken, weil das Geschäft mit den Regenschirmen deiner älteren Tochter gut geht. So kannst du jeden Tag in Dankbarkeit leben und das Jahr hindurch immer lä-

cheln.« Mit einem Mal verstand die Frau. Seitdem trug sie jeden Tag den Sonnenschein in ihrem Herzen, sodass sie nun viel jünger aussah, als sie eigentlich war.

Dankbarkeit ist eine Lebenseinstellung und zugleich eine edle Handlung. Dankbarkeit verleiht uns ein edelmütiges Herz. So können wir anderen Freude und Wärme schenken. Ein altes chinesisches Sprichwort besagt: »Ein einziger Wassertropfen voll Güte wird mit einer sprudelnden Quelle vergolten.« Und aus einem Gedicht von Meng Jiao aus der Zeit der Tang-Dynastie (618–907) stammt der folgende Satz: »Wer sagt, das Herz eines Grashalms wäre gering? Versteht er doch, für die Frühlingssonne zu danken.«

Lasst unsere Herzen sich öffnen, lasst das helle und reine Qi der Toleranz und der Dankbarkeit unsere Herzen erfüllen und in jede Ecke leuchten. Das Herz gleicht einem dunklen Tal, in das eines Tages das Licht hineinstrahlen wird, auch wenn seit 1000 Jahren Dunkelheit geherrscht hat. Das Licht vertreibt die Dunkelheit.

Tiefe Spiritualität entfalten

Viele Menschen haben das Bedürfnis, ihr spirituelles Leben zu intensivieren. Sie spüren, dass es mehr gibt als alles, was das normale Alltagsleben zu bieten hat. Irgendetwas drängt sie geradezu, weiterzugehen und nach dem tieferen Sinn allen Lebens zu suchen. Es sind die Wünsche der erwachenden Seele, die sich hier äußern. Die Seele möchte zurück, zurück in die Einheit, zurück zu Gott. Die Religionen haben verschiedene Bilder und Wörter für diese Heimkehr geschaffen. Um diese tiefe Verbundenheit zu erleben, um die göttliche Energie durch uns fließen lassen zu können, müssen wir uns Schritt für Schritt leer machen, das heißt unser Ego abbauen. So entwickeln wir uns langsam zum Diener des Universums.

In China nennen wir dieses Wiedereinfügen in die Schöpfung, das Anerkennen, dass es etwas Größeres als uns gibt, »den Himmel verehren«.

Den Himmel verehren

In seinem Buch »Erklärung zu den Wörtern« bezeichnet Xu Sheng (Östliche Han-Dynastie 25–220 n. Chr.) den »Himmel« als »das Allerhöchste, die Spitze«.

Wer sich dem Allerhöchsten anpasst, dessen Tun wird gedeihen. Wer sich ihm widersetzt, dessen Tun wird fatal enden. Das bedeutet, all unser Handeln hat Konsequenzen. Bringen wir Liebe in die Welt, dann verehren wir den Himmel, denn der Himmel ist die Liebe. Leben wir in Liebe, wird uns Liebe begegnen. Bringen wir Streit oder Machtstreben in die Welt, wird uns Macht und Streit begegnen. Wir selbst sind die Urheber unseres Schicksals.

Nach dem verheerenden Tsunami im Dezember 2004 drang eine berührende Geschichte an die Öffentlichkeit:

Als das Wasser sich zurückgezogen hatte, gab es viele Menschen, die nichts von der drohenden Katastrophe ahnten und sich nicht sofort in Sicherheit brachten. Als die Welle dann kam, liefen sie panisch vor dem Wasser davon. Eine Frau jedoch rannte genau in die entgegengesetzte Richtung, direkt auf das Wasser zu. Trotz der Todesgefahr hatte sie sich selbst völlig vergessen und war mit ihrem Herz nur bei ihren Kindern, die eben noch am Strand gespielt hatten. Tatsäch-

lich fand sie ihre Kinder, kurz bevor die Welle alle drei erfasste. Doch wie durch ein Wunder sind sie nicht ertrunken. Die Mutter spürte plötzlich wieder Boden unter den Füßen. Die Familie wurde auf eine Anhöhe gespült und überlebte. Diese Mutter hatte durch ihre selbstlose Handlung den Himmel berührt, sodass sich das Wunder verwirklichen konnte.

Vor mehreren 1000 Jahren waren die Menschen der Natur und dem Himmel näher und sie hatten mehr Ehrfurcht vor diesen Kräften. Sie haben oft der Sonne, dem Mond und den Sternen, den Bergen, dem Fluss, dem Wind und dem Regen sowie dem Gott des Ackers und der Feldfrüchte ihre Ehrerbietung entgegengebracht, um göttliche Gnade und Schutz zu erbitten.

Da sie in völliger Harmonie mit dem Leben um sich herum waren, waren sie nicht getrennt, sondern fühlten die Verbundenheit mit jedem Sonnenstrahl, jeder Pflanze und jedem Tier, das ihren Weg kreuzte. Indem sie die Natur anbeteten, respektierten sie sich selbst, denn sie waren Teil der Natur.

Irgendwann begannen die Menschen jedoch, die Natur zu erobern, sie umzugestalten und »über den Himmel zu triumphieren«. Sie schnitten sich selbst Schritt für Schritt von der Natur ab. Ihre Fähigkeit, Energie aus der Natur zu schöpfen und sich mit ihr zu verbinden, ging allmählich verloren, und ihre Koordinations- und Überlebensfähigkeiten wurden ständig schwächer. Diese Trennung zog unzählige negative Konsequenzen nach sich. Dass heutzutage immer mehr Menschen gegen die Natur – also eigentlich gegen sich selbst – allergisch reagieren, ist eines davon. Auf seelischer Ebene fanden viele Seelen Verstorbener keine

Heimstatt mehr, sie hatten nicht mehr das nötige Wissen oder die notwendige Energie für den Übergang und blieben an die Erde gebunden. So wurden sie zu obdachlosen, wandelnden Seelen. Sie begannen, sich an die Lebenden zu heften und sie zu stören, wodurch deren Energieniveau immer weiter sank.

Meine Schwester Tianping und ich haben die Gnade erfahren, diese seelischen Informationen regulieren zu können. Die heilige Energie, die dafür gebraucht wird, entspringt aus der Verbindung zum Göttlichen, aus der Verehrung des Himmels. Wir allein könnten diese Arbeit aber gar nicht schaffen. Nur im Einklang mit dem Universum, in tiefer Verbundenheit, wenn das eigene »Ich« ganz klein wird, kann die Energie entstehen, die notwendig ist, um den Seelen der Verstorbenen den rechten Weg zu weisen und die Lebenden endgültig von ihrem Einfluss zu befreien.

Die große Liebe leben

Es gibt vielleicht Menschen, die denken: Ich mache keine großen Fehler. Ich habe keine schlimmen Taten begangen und keinem Menschen wehgetan – reicht das nicht aus? Um eine Antwort zu bekommen, können wir uns selbst prüfen. Fragen wir uns: Bin ich wirklich glücklich? Welche Situationen und Energien ziehe ich an in meinem Leben? Kann ich mich selbst verwirklichen? Pflege ich harmonische, freudvolle Beziehungen zu meinen Angehörigen und Freunden?

Wenn wir die Fragen positiv beantworten können, sind wir bereits auf einem liebevollen Weg. Dann pflegen wir schon die Liebe zu uns selbst und zu unseren Nächsten.

Die große Liebe leben heißt, die Liebe weiter auszudehnen, auf die Tiere, die Pflanzen, die Erde und das gesamte Universum. So wie wir Menschen respektiert und geliebt werden wollen, sollten auch wir alle anderen Lebewesen respektieren und lieben. Selbst wenn es sich um ein unauffälliges, kleines Tierchen handelt, dürfen wir es nicht leichtsinnig verletzen. Wir sollten lernen, jedes sichtbare und unsichtbare Leben zu lieben, einschließlich der Seelen der Toten, selbst wenn sie uns stören. Denn die Liebe kann unerschöpfliche Energien freisetzen. Sie ist das beste Heilmittel.

Die Erfahrungen eines Psychotherapeuten aus den USA, der häufig bekannte Moderatoren und Schauspieler beriet, bestätigen, dass viele reiche Prominente, obwohl sie eine große Anzahl von Fans hatten, nur den Anschein erweckten, die glücklichsten Menschen der Welt zu sein. Tatsächlich aber führten sie ein depressives, sinnentleertes Leben. Eine Ausnahme war Audrey Hepburn (1929–1993): Sie war ein »Engel« der Fröhlichkeit und hatte nie einen Psychotherapeuten gebraucht. Der Therapeut hat auch erfahren, warum: Was sie von vielen anderen unterschied, war ihre Freude, mit der sie wohltätige Arbeiten übernahm. Über zehn Jahre lang ging sie fast jeden Monat zum Hafen, ins Gefängnis oder in die Bezirke der ärmeren Bewohner und arbeitete dort ehrenamtlich. Einmal lehnte sie sogar die Einladung zur Eröffnungsfeier einer Firma ab, die ihr 50.000 Dollar für die Stunde bezahlt hätte. Stattdessen pflegte sie einen kleinen Jungen im Krankenhaus.

In weiteren Nachforschungen über andere renommierte und reiche Menschen, die ehrenamtlich und gemeinnützig arbeiteten, kam der Therapeut zu dem Ergebnis, dass diese

Menschen sehr selten exzentrische Charaktereigenschaften und negative Gewohnheiten besaßen, sodass sie keine psychotherapeutische Behandlung brauchten. Es gibt offensichtlich einen Zusammenhang zwischen dem Dienst an anderen und der eigenen seelischen Gesundheit. So wie ein altes deutsches Sprichwort sagt, kehrt die Freude, die man schenkt, ins eigene Herz zurück.

Wenn ein Mensch geben kann, ohne eine Gegenleistung zu erwarten, werden ihm Freude im Herzen und die Energie des Universums in gleichem Maße zuteil.

Bei all dem Wunsch, uns zu verändern, ist es wichtig, dass wir authentisch bleiben. Wenn wir uns auf den Weg machen und uns mit positiven Menschen, Bücher, Orten, usw. umgeben, dann wird der Zeitpunkt kommen, wo wir selbst so viel Liebe erhalten haben und unsere Seele genährt haben, dass der Wunsch zu geben von allein in uns hoch kommt. Haben wir uns mit Liebe gefüllt, dann fließen wir über, wie eine volle Tasse. Liebe kann man nicht zurückhalten.

Seit Kurzem unterrichten wir zu diesem Thema in unseren Kursen eine neue Übung, Die *Licht-Liebe-Übung*. Durch diese Übung kann sich jeder Mensch auf sehr kraftvolle und schnelle Weise mit der göttlichen Liebe des Universums verbinden. Bei dieser Methode werden die drei Energiefelder (Dantian) des Menschen mit der lichtvollen Schwingung und der bedingungslosen Liebe des Universums in Einklang gebracht. Ein wunderschöner Prozess der Stabilisierung kommt während dem Üben in Gang, da die Liebe sowohl in Gott als auch in der Gemeinschaft und ebenso in einem selbst wahrgenommen wird. Die Übenden finden sich dabei selbst in der Liebe. Die Methode ist eine Übung zur Selbsthilfe und hat bereits vielen Menschen geholfen, die Liebe und das Licht in sich selbst zu entdecken. Viele von ihnen leiden unter quälenden inneren Stimmen oder anderen Wahrnehmungen und wissen oftmals keinen Ausweg mehr, sodass tragische Geschichten ihren Lauf nehmen. Wir widmen die Licht- Liebe-Übung all jenen, die ein Licht in der Dunkelheit brauchen. Mögen sie in der Liebe Halt finden wie ein Boot an seinem Anker Halt findet, sodass es bei stürmischer See nicht mit den Wellen davon gerissen wird. Die Liebe kann dieser Anker sein. (Eine genaue Übungsanleitung befindet sich im Anhang.)

Demut entfalten

Demut ist die Grundlage aller Tugenden. Ein demütiges Herz ist der Anfang unseres Wachstums, ist die Brücke, die uns zur Weisheit führt. Demut kann unsere Energie stärken und hilft uns, eine aufrichtige Verbindung zum Universum aufzubauen. Demut ist eine alte und gute Tugend; sie meint nicht Unterwürfigkeit.

»Je höher der Berg, desto tiefer das Tal«, sagt ein chinesisches Sprichwort. Selbst »hohe Berge« – so große Persönlichkeiten der Weltgeschichte wie die Religionsgründer – hatten die Eigenschaft, demütig zu sein, in dem Sinne, dass sie immer ihre Unvollkommenheit eingestanden haben: das »tiefe Tal« neben ihrer Größe.

Sowohl von Jesus wie von Buddha Shakyamuni (Siddharta Gautama) ist überliefert, wie bescheiden sie waren.

Von Laotse stammen die Worte: »Höchste Güte ist wie das Wasser. Des Wassers Güte ist es, allen Wesen zu nützen ohne Streit.« So gleicht auch die Demut dem Wasser, das alle Wesen nährt, ohne Unterschied, und das auf seinem Weg zum Ozean immer den niedrigsten Punkt sucht.

Sokrates wurde wegen seines Wirkens als »Übermensch« bezeichnet. In seiner Verteidigungsrede erwiderte er, dass er kein außergewöhnlicher Mensch sei, sondern ein normaler Mensch, der seine Unwissenheit kenne. Sokrates war sich der eigenen Grenzen bewusst und frei von Stolz. Die eigene Begrenztheit anzunehmen, heißt zugleich die höheren Bewusstseinsstufen, die Gottheiten, anzuerkennen.

Viele Menschen kennen den Wert der Demut nicht mehr. Dadurch wird Stolz und Hochmut die Tür geöffnet. Für unsere Entwicklung ist das sehr tragisch, denn Stolz verhindert, dass wir unsere Schwachpunkte wahrnehmen und sorgt dafür, dass wir uns dann in einer unangemessenen Selbstzufriedenheit ergehen.

Doch Wissen und Reichtum eines Menschen, egal um wen es sich handelt, sind unbedeutend. Der Mensch ist nur ein kleiner Tropfen im großen Ozean. Wir alle sollten unsere Rolle in der Welt erkennen. Halten wir das in uns fest, bewahren wir auch die Demut in unserem Herzen.

Lian – Den Körper stärken

Lian heißt, den Körper und mit ihm die Seele zu stärken, denn beide sind eng miteinander verbunden. Mit viel Energie können wir viel verändern, das gilt im Außen wie im Innen. Daher ist es wichtig, sich gut um den Körper zu kümmern. Dann steht uns ausreichend Energie zur Verfügung, um auch die schwierigeren, inneren Aspekte unserer Persönlichkeit zu verändern.

Die tägliche Übung

Viele Menschen kümmern sich heutzutage mehr um ihre materiellen als um ihre energetischen Reserven. Wenn die Energie des Körpers aufgebraucht ist, geht das Leben zu Ende. Ohne Energie kann der Körper nicht leben. Daher ist es weise, sich neben den materiellen Dingen auch um die energetischen Bedürfnisse des Körpers zu kümmern. Was nützen denn die Ersparnisse auf dem Bankkonto, wenn das Energiekonto leer ist?

Das beste Mittel zur Stärkung des Körpers ist eine regelmäßige Übungspraxis. Dafür brauchen wir eine Übung, die zu uns passt. Denn wir integrieren Dinge, die zu uns passen und zu denen wir uns auf irgendeine Art hingezogen fühlen, viel leichter in unseren Alltag als Dinge, zu denen wir keine Verbindung aufbauen können.

Die Tian Gong-Basisübung für die Stärkung und Heilung des Körpers ist die Bronzeglocke mit ihren Aufbauübungen. Letian Shi Fu und ich selbst sind durch diese Übung gesund geworden – nachdem Schulmedizin und Alternativmedizin nicht helfen konnten. Daher liegt uns diese Übung auch besonders am Herzen. Die Bronzeglockenübung birgt enormes energetisches Potenzial, wenn sie in guter Qualität praktiziert wird. Sie ist für all jene besonders gut geeignet, die bereit sind, in die körperliche Stille zu gehen. Menschen, die eine Übung mit mehr bewegenden Elementen bevorzugen, raten wir, eine der Tian Gong-Organübungen zu erlernen.

Zusätzlich empfehlen wir drei Methoden, die uns besonders dabei helfen, unsere seelischen Veränderungen voranzubringen. Sie können sofort praktiziert werden. (Genaue Übungsbescheibungen befinden sich im Anhang.)

Wir beginnen mit der *Himmlischen Pagode.* Diese Übung erinnert uns jeden Tag daran, dass wir kein getrenntes Ich haben, sondern ein Teil, eine Zelle des Universums sind. In der Übung verbinden wir uns gedanklich mit dem Himmel, der Erde und allen Lebewesen. Als Zweites folgt die *Herzöffnungsübung.* Hier kultivieren wir unser Mitgefühl. Wir schicken die Liebe zu allen Lebewesen und verbinden uns auf diese Weise mit der universellen, bedingungslosen Liebe des Himmels. Es ist ein sehr schönes Erlebnis, wenn man seine Gedanken auf die Liebe richtet und sie hinaus in die Welt schickt und dann plötzlich spürt, wie warme, liebevolle Energie zum Körper zurückkehrt. Nach der Praxis des Herzöffnens gehen wir in die Energie der Vergebung. Die Kreuzübung oder die *Vier Wahren Worte* sind wunderbare Übungen für die Reinigung der Seele. Bei der Neigung zu übermäßigen Schuldgefühlen empfehlen wir jedoch zunächst, die Selbstliebe zu stärken, indem man zum Beispiel bei der Übung der Vier Wahren Worte, die Hauptenergie auf die beiden Sätze (Ich liebe dich/mich. Dankeschön.) richtet und diese oft wiederholt.

Diese drei Übungen nennen wir bei Tian Gong Einführungsübungen. Wir praktizieren sie in der Regel vor der Hauptübung (zum Beispiel Bronzeglocke), denn sie beruhigen unseren Geist und bereiten uns auf die Stille vor, sodass anschließend die Energie besser fließen kann. Diese drei Übungen können in zehn oder fünfzehn Minuten praktiziert werden, auf Wunsch auch länger. Ich selbst praktiziere diese Übungen morgens und abends. Wir empfehlen allen Teilnehmern, diese einfachen Tian Gong-Übungen zur Stärkung und Reinigung der Seelenenergie regelmäßig und langfristig zu üben.

Seele und Körper müssen gleichwertig berücksichtigt werden. Erst ihr harmonisches Zusammenspiel macht uns stark genug, um die Herausforderungen des Lebens mit Freude zu bestehen.

Dies ist der Hauptinhalt des Begriffes Xiu Lian: Energiearbeit für Körper und Seele – durch das Bestehen als Mensch in Alltagssituationen wie durch das Praktizieren von Energieübungen.

Eine persönliche Schutzhülle

Das Wort »Universum« besteht im Chinesischen aus zwei Zeichen: Yu und Zhou – Raum und Zeit. Das All dehnt sich unendlich in Zeit und Raum, und in den Tiefen des Universums verbergen sich unzählige geheimnisvolle Wahrheiten und unerschöpfliche Energien.

Eines von diesen Wundern aus dem Universum ist die Himmlische Schutzhülle. Sie war ein Geschenk, das vom Himmel auf die Erde kam und seither von Tian Gong in speziellen Seminaren verbreitet wird.

Jedem Teilnehmer wird dabei eine besondere energetische Schutzkraft übertragen, die dabei hilft, die Widerstandskraft gegenüber äußeren Einflüssen zu erhöhen. Je nach ihrer Energiequalität kann diese Schutzhülle zum Beispiel Anheftungen durch Seelen Verstorbener abwehren und den Schaden durch das Eindringen von Viren, Bakterien, verschmutzter Luft, chemischen Giften oder schädlichen Strahlungen reduzieren.

Von der Schutzenergie profitieren auch besonders diejenigen, die häufig mit krankmachenden Energien konfrontiert werden und diesen nicht aus dem Weg gehen können. Dies ist zum Beispiel in Heilberufen eine große Herausforderung. Aber auch ohne den häufigen Kontakt mit Kranken kennen viele Menschen Momente, in denen ihre Energie plötzlich weg ist. Wer sensibel ist, spürt leicht, wenn die unruhige Energie an bestimmten Orten die eigene Energie beeinträchtigt.

Kursteilnehmer berichten, dass sich ihr Schmerzempfinden deutlich reduziert habe oder dass sie sogar keinerlei Schmerz mehr verspürten, wenn sie sich gestoßen oder verletzt hatten. Manche Teilnehmer mit gut entwickeltem Himmlischen Auge können sehen, wie die Himmlische Schutzhülle die Annäherung einer seelischen Fremdinformation erfolgreich verhindert.

Die Himmlische Schutzhülle ist etwas anderes als die im Westen bekannte Aura und auch anders als die Energiehülle, die sich um den Körper erfolgreicher Xiu Lian-Praktizierender bildet. Die Himmlische Schutzhülle ist eine speziell hergestellte Energiehülle, die von den aufgestiegenen Meistern höherer Dimensionen den Xiu-Lian-Praktizierenden direkt geschenkt wird.

Diese Schutzhülle stellt für alle Menschen ein großes Geschenk dar und ist eine wunderbare Chance, unsere körperliche und seelische Gesundheit wirkungsvoll zu schützen.

Bi Gu – Von Energie leben und die Ressourcen der Erde schonen

Unsere Erde hat schwere ökologische Probleme. Im Grunde genommen stecken dahinter die wachsenden Bedürfnisse und die Gier von uns Menschen. Wir kennen keine Grenzen, bis wir die Erde zum Schluss völlig ausgebeutet und »aufgefressen« haben werden. Können wir uns vorstellen, welche Berge von Nahrung jeder einzelne im Laufe seines Lebens verschlingt? Werden wir mit unserer Kurzsichtigkeit nicht irgendwann die Erde völlig ausgeplündert haben?

Die rücksichtslosen Handlungen der Menschen haben dazu geführt, dass das Ökosystem der Erde zerstört wird: die Schätze der Natur werden geplündert, die Gebirge zersprengt, die Meere gezähmt, das Wasser vergeudet und vergiftet, die Wälder werden ausgeraubt, Tiere geschlachtet, der Boden mit Schadstoffen belastet und die Industrie wuchert blindlings weiter. Doch welches Karma erschaffen wir damit? Alles Handeln zieht Konsequenzen nach sich, sodass immer mehr Naturkatastrophen verschiedenster Art auftreten. Wir beuten die Erde aus, sodass die Natur aus dem Gleichgewicht geraten ist. Gerade in den letzten Jahren hat die Katastrophendichte bedenklich zugenommen. Erdbeben, Tsunamis, Brände, Dürren, Überschwemmungen sind Ausdruck für eine aus dem Gleichgewicht geratene kranke Erde.

Tian Gong hat geforscht und herausgefunden, dass die Menschen in uralten Zeiten sehr gut mit dem Himmel, dem Universum verbunden gewesen sind. Sie besaßen die Fähigkeit, Energie direkt vom Universum (Bi Gu Fu Qi) aufzunehmen. Auch viele der gegenwärtigen Tian Gong-

Praktizierenden nehmen Bi Gu als Lebensweise an, sodass sie immer weniger von irdischen Nahrungsmitteln abhängig sein müssen. Bi Gu-Praktizierende in der weiteren Vergangenheit hatten sehr starke übersinnliche Fähigkeiten und Kräfte. In dem Maße, in dem die Menschen ihren Begierden immer mehr nachgaben, ließen sie ihre Fähigkeiten zur Verbindung mit dem Universum verkümmern. Seit den vergangenen 3 000 Jahren können nur noch wenige Menschen die Bi Gu-Energie direkt vom Universum aufnehmen.

Im Jahr 1999 war ich mit einer Tian Gong-Forschungsgruppe auf der Halbinsel Sinai in Ägypten. Wir erforschten mit übersinnlichen Fähigkeiten die alten Kulturen. Eines Tages geriet ich überraschend in einen Trance-Zustand und erhielt folgende Botschaft:

»Ach, der Mensch, kein Himmel im Herzen,
kein Licht im Kopf, das Gesicht zum Boden,
den Rücken zum Himmel, der Mund kaut Erde,
er findet's köstlich.«

Diese schlichten Sätze beschreiben bildhaft den Zustand der Menschheit in der heutigen Zeit. Seit die Menschen immer stärker in der dichten Materie verhaftet waren, ist ihr Energiekörper immer schwächer geworden, sodass sie Hunger bekamen und sich Nahrung suchen mussten.

Zunächst aßen sie Blüten und Früchte, später Getreide, schließlich begannen sie, Tiere zu jagen. Sehr viele Tiere wurden gejagt und getötet. Einige flohen in die Berge und in die Wälder, um zu überleben. Die Zeit, in der die Menschen und die Tiere in Frieden und Harmonie zusammenlebten, war damit zu Ende. Es wurde immer schwieriger,

Tiere zu finden und zu jagen. Da erfanden die Menschen eine Methode, die gegen das Naturgesetz ist: Die Tiere wurden in Gattern gehalten und gezüchtet – mit dem Ziel, sie stets als Nahrungsquelle zur Verfügung zu haben.

Menschen und Tiere waren ursprünglich Freunde. Aber als die Menschen begannen, Tiere zu töten, fingen die Tiere an, Menschen anzugreifen, sogar zu fressen und so Rache zu üben. Der Hass zwischen Menschen und Tieren wurde ein Teufelskreis.

Der Appetit der Menschen in unserer Zeit wird immer unersättlicher, die Speisen aufwendiger, exotischer. Die Menschen denken sich immer neue Methoden aus, wie sie die verschiedensten Tiere züchten, jagen und dann essen können. Doch die Seelen der getöteten und ausgerotteten Tiere wiedersetzen sich, indem sie zu einem kollektiven Gegenangriff übergehen. Im Jahr 1918 hat die spanische Grippe innerhalb weniger Monate ca. 50 Millionen Menschen den Tod gebracht. Im Mittelalter wütete die Pest und brachte ein Drittel der europäischen Bevölkerung um.

Positive Veränderungen

Heute haben wie SARS, die Vogelgrippe, die Schweinegrippe. Das sind Krankheiten, die wir Menschen geschaffen haben, weil wir Tiere grausam behandeln. Indem wir aufhören, Fleisch zu essen, können wir dazu beitragen, dass die Situation sich zum Guten verändert.

Tian Gong möchte auch hier einen guten Beitrag leisten und veranstaltet nun schon seit vielen Jahren jeden ersten Donnerstag im Monat eine Meditation für die Erde. Wir sind auch dazu übergegangen, während diesen Meditationen die Bi Gu-Information zu übertragen. Ein erstaunlicher Wandel hat sich auch hier vollzogen. Anfangs gab es Menschen, die diese Abende verließen, sobald wir begannen, über Lichtnahrung zu sprechen. Doch inzwischen ist diese Veranstaltung zu einer der beliebtesten überhaupt geworden, sodass wir inzwischen auch spezielle Bi Gu-Kurse anbieten. Bi Gu Fu Qi bedeutet, dass wir keine oder nur wenig irdische Nahrung aufnehmen müssen und stattdessen die Energie ohne Umwege direkt aus dem Universum beziehen. Diese kosmische Energie, die sogenannte »Himmlische Nahrung«, ist viel stärker und reiner als tierische und auch als pflanzliche Nahrungsmittel. So nehmen die Praktizierenden sehr viel hochwertigere Energie auf. Die Energie nutzt der Körper für tiefgehende Entgiftungs- und Heilungsprozesse.

Ich selbst habe eine besondere Verbindung zur Bi Gu-Energie, denn Bi Gu war ein sehr wichtiger Bestandteil für meine eigene Heilung, und ich erlebe nun schon seit über 15 Jahren jeden Tag, wie ich durch das Universum mit Energie beschenkt und ernährt werde. Bi Gu liegt mir am Herzen. Je weniger wir von der Erde nehmen müssen, umso schneller heilen ihre Wunden. Mit Bi Gu können wir nicht nur von der irdischen Nahrung loslassen, sondern diese Energie hilft uns auch dabei, andere materielle Bedürfnisse zu reduzieren.

Leben und Tod

Solange wir am Leben sind, sollten wir uns daran erfreuen und die Stunden eines jeden Tages wertschätzen, so wie das kleine Glühwürmchen, das auch den anderen leuchtet.

Wie viele Menschen sterben jeden Tag im Krankenbett. Wie viele Menschen gehen morgens frohen Mutes aus dem Haus und kehren nie mehr zurück. Deswegen sollten wir lebendigen Menschen jeden Tag von Dankbarkeit erfüllt sein.

Leben und Tod gleichen den Blüten im Frühling und den Blättern im Herbst, gleichen Sonnenaufgang und Sonnenuntergang. Natürlich und ungezwungen kommen wir auf die Welt, und genauso verlassen wir die Welt wieder.

Leben in Gesundheit und Glück; sterben in Ruhe, natürlich und ungezwungen; und die Seele geht an einen wunderschönen Ort – so ist das Bild des Lebens vollkommen.

NACHWORT

Die Winternächte in Berlin sind ruhig und still.

Während ich am PC die letzten Buchstaben für das Manuskript dieses Buches tippe, ist es kurz nach vier Uhr, noch ganz früh am Morgen.

Ich gehe ans Fenster. Dichte Schneeflocken wirbeln durch die Luft. Sie fallen so leise und behutsam, als fürchteten sie, die Menschen aus ihrem Schlaf zu wecken.

Ich blicke auf mein noch junges Leben. Viele Jahre lang war ich schwer krank. Damals glaubte ich nicht, dass ich je mein dreißigstes Lebensjahr erleben würde.

Eines Tages jedoch wurde ich aus meinem tiefen Schlaf erweckt – von einem Klang, der aus dem Paradies herkam.

Mit diesem Klang habe ich das Licht gefunden. Seitdem wollte ich nie mehr in jene Dunkelheit zurück.

So wuchs die zarte junge Pflanze mit jedem neuen Tag heran, dank der Liebe des Universums und der Fürsorge der Menschen.

Einige Augenblicke auf meinem Weg haben sich mir auf ewig tief in die Seele eingeprägt:

Paris, Flughafen Charles de Gaulle, im September 1999. Wir hatten Letian Shi Fu, der in die USA zurückkehrte, verabschiedet und fuhren mit dem Auto zurück zu unseren Freunden. Während der Fahrt – ich war gerade halb in Meditation versunken – erschien plötzlich in meinem Herzen die reine, weiße Figur der Heiligen Mutter Maria, und ich vernahm ihre Stimme voll grenzenloser Liebe: »Schenke deine Liebe der ganzen Welt!«

Kanarische Inseln, auf dem Berg Madre del Agua, im August 2002. Wegen eben dieser Liebe wollte ich den Lebewesen einer anderen Art helfen, die auf diesem Berg lebten. Aus mangelnder Weisheit habe ich jedoch ein Fünftel meiner Energie verschenkt. In dieser kritischen Situation stieg Laotse vom Himmel herab und stellte meine Lebensenergie wieder her.

Berlin, in einer milden Sommernacht im Juli 2003. Guanyin Buddha fragte mich mit sanfter Strenge: »Bist du bereit?«

»Ja, ich bin bereit.«

»Du weißt, dass noch wichtige Aufgaben vor dir liegen?«

»Ja, ich weiß!«

Großmutter, Mutter und Schwester – diese Frauen aus drei Generationen haben auf ihren zarten Schultern die Hälfte des Himmels getragen, um Wind und Regen von mir abzuhalten.

Hinzu kam die großzügige Unterstützung der Ärztin Frau Li und zahlreicher helfender Hände von Tian-Gong-Praktizierenden aus China, Deutschland, Spanien und den USA ...

Ich frage mich: »Tianying, womit hast du es verdient, dass du so große Liebe erfahren darfst?«

Ich finde darauf keine Antwort und lasse meinen Tränen freien Lauf.

Die Dankbarkeit in der Tiefe meiner Seele ist nicht mit Worten auszudrücken. Sacht knie ich vor den Gottheiten nieder: »All ihr Götter, bitte gebt mir die Kraft! Ich will das Elend der Menschen auf mich nehmen!«

ANHANG

Himmlische Pagode – Tian Ta Gong

Mit dieser Übung bringen wir unsere Schwingungen als Menschen mit denen von Himmel und Erde in Einklang. Wissenschaftlichen Forschungen zufolge hat die Architektur der Pyramiden (in Asien der Pagoden) die Funktion, kosmische Energie zu bündeln.

Daher können wir uns bei dieser Übung vorstellen, dass wir uns in einer Himmlischen Pagode befinden und dort die Übung praktizieren.

ÄUSSERE HALTUNG:

Diese Übung kann im Stehen, auf einem Stuhl sitzend, im Lotus- oder Schneidersitz oder kniend ausgeführt werden.

Dabei lehnen wir uns nicht an. Der Rücken ist aufrecht, aber entspannt. Die Füße in Schulterbreite auseinanderstellen, sodass die Fußspitzen eine Linie bilden, die Füße stehen parallel oder die Fußspitzen zeigen etwas nach außen. Im Stehen sind die Kniegelenke leicht gebeugt. Die Arme zunächst locker hängen lassen, die Augen sanft schließen und das Kinn etwas heranziehen.

Wir versuchen, den ganzen Körper von oben nach unten zu entspannen. Für diese Zeit der Übung sind wir frei von allen Sorgen, Beschwerden und Problemen. Die Gedanken kommen zur Ruhe. Wir versuchen, von innen heraus zu lächeln.

Wir legen die Hände vor der Brust zusammen, stimmen uns auf die Übung ein. Wir wünschen der Mutter Erde und allen Lebewesen Gesundheit, Liebe und Frieden.

Anschließend wird die rechte Hand nach oben geführt, sodass der Daumen leicht die Stelle des »Dritten Auges« zwischen den Augenbrauen berührt. Der Daumen der anderen Hand zeigt auf die Mitte der Brust. Zeige- und Mittelfinger weisen jeweils zum Himmel, Ringfinger und kleiner Finger zur Erde.

INNERE HALTUNG:

Ich verbinde mich mit dem Himmel und der Erde. Manche Menschen können spüren, wie die Energie vom Himmel über ihre Zeige- und Mittelfinger und das Qi der Erde über die unteren Finger in den Körper strömt.

Wenn die Arme schwer werden, können sie abgewechselt werden.

Wie alle Qi Gong-Übungen endet auch diese mit einer Abschlussübung (siehe Seite 207), um die aufgenommene Energie und Information zu speichern.

Übung zum Öffnen der Herzen – Kai Xin Gong

Dies ist eine Übung, mit der Sie Stück für Stück lernen können, Ihr Herz immer weiter zu öffnen. Ein offenes Herz schwingt in der Liebe. Es gibt und empfängt Liebe.

Meisterin Tianying: »Je weiter dein Herz geöffnet ist, umso breiter ist dein Weg, umso weiter steht dir das Himmelstor offen.«

ÄUSSERE HALTUNG:

Sie können sitzen, knien oder stehen. Der Kopf ist leicht nach hinten geneigt, die Augen sind geschlossen, die Arme seitlich erhoben, so als würden wir die Erde und alles Lebendige liebevoll umarmen. Die Handflächen zeigen nach oben. Sollten nach einer Weile die Arme schwer werden, legt man die Hände für einen Augenblick vor der Brust zusammen, um auszuruhen und setzt dann wieder ein.

INNERE HALTUNG:

Wir stellen uns vor, wie sich unser Herz öffnet und mit den Herzen aller Menschen zu einem einzigen lichtvollen Herzen verschmilzt. Unser gemeinsames Herz öffnet sich immer weiter, bis alle Herzen aller Menschen unserer Stadt/unseres Landes/des ganzen Kontinents, zu einem einzigen Herzen verschmelzen, das sich immer weiter und weiter öffnet.

Unser gemeinsames Herz wird so groß wie die Erde. Die Herzen aller Menschen und das Herz der Mutter Erde verschmelzen zu einem einzigen großen Herzen. Unser gemeinsames Erden-Herz verschmilzt mit dem Herzen des Universums. Alle Menschen und alle Lebewesen leben auf der Erde in Frieden, Harmonie und Liebe. Alles ist vom Licht der Himmlischen Liebe des Universums erfüllt.

Übungsdauer: 5 Minuten

Wie alle Qi Gong-Übungen endet auch diese mit einer Abschlussübung (siehe Seite 207), um die aufgenommene Energie und Information zu speichern.

Kreuzübung – Vergebungsübung – Shi Zi Gong

Mit dieser Übung haben Sie eine tägliche Verabredung mit sich selbst, bei der Sie all die Dinge ausdrücken dürfen, die Ihnen vielleicht schon lange schwer auf dem Herzen lasten. Jeder Mensch trägt irgendetwas mit sich herum, für das er sich schuldig fühlt, und hier ist nun der richtige Ort für diese Gefühle. Entschuldigen Sie sich innerlich von Herzen.

Dies ist der Moment, in dem Sie all Ihre Schuldgefühle lassen können. Den Rest des Tages versuchen Sie dann, immer mehr davon loszulassen. Chronische Schuldgefühle helfen niemanden, sondern schaden nur, am meisten sich selbst. Daher ist es bei dieser Übung auch besonders wichtig, sich selbst zu vergeben.

Bei sehr starkem Schuldbewusstsein ist es besser, diese Übung etwas abzuändern und zunächst jeden Tag Liebe zu sich selbst und zur eigenen Seele zu schicken.

ÄUSSERE HALTUNG:

Wenn Sie keine Beschwerden an den Beinen oder Füßen haben, machen Sie die Übung am besten im Knien. So ist die Wirkung am stärksten. Sie können aber auch im Stehen, auf einem Stuhl sitzend oder im Schneidersitz üben. Die Arme zunächst locker hängen lassen, die Augen sanft schließen und das Kinn etwas heranziehen.

Den ganzen Körper entspannen und die Gedanken zur Ruhe kommen lassen. Alle Sorgen loslassen.

Dann legt man für einige Augenblicke die Handflächen vor der Brust zusammen. Wenn die Stimmung andächtig geworden ist, werden die Arme vor der Brust gekreuzt (Männer legen zuerst den linken Arm über die Brust, Frauen zuerst den rechten, dann den anderen Arm darüber).

INNERE HALTUNG:

Lassen Sie ein Gefühl von Demut entstehen. Sagen Sie innerlich: Es tut mir leid! Ich bitte um Vergebung für die Verletzungen, die ich anderen Lebewesen zugefügt habe. Ich übernehme Verantwortung und möchte aus meinen Fehlern lernen. Ich vergebe auch mir selbst.

Anschließend versuchst du, alle Gedanken und den Körper zu vergessen. Die kosmischen Energien tun dann ihr Werk. Das kann die Seele heilen.

Licht-Liebe-Übung

Atme einige Male tief ein und mit einem Seufzer aus, sodass sich Anspannungen lösen können. Sitze oder stehe bequem und versuche, dich zu entspannen.

Lege die Handflächen in Brusthöhe aneinander und komme, soweit es geht, in eine friedliche und aufrichtige Stimmung. Die Aufmerksamkeit wandert zum oberen Energiefeld, im Bereich der Stirn zwischen den Augenbrauen. Innerlich sagst du langsam und mit Gefühl: »Gott ist das Licht. Gott ist die Liebe.« Dann wartest du einige Zeit und lässt die Energie der Worte wirken.

Nun richtest du deine Aufmerksamkeit auf das mittlere Dantian, in der Mitte des Brustkorbs. Innerlich sagst du langsam und mit dem Gefühl: »Wir sind das Licht. Wir sind die Liebe.« Wieder wartest du einige Zeit in Stille.

Dann gehst du mit der Aufmerksamkeit zu deinem unteren Dantian, im Bereich des Bauchnabels. Innerlich sagst du langsam und mit Gefühl: »Ich bin das Licht. Ich bin die Liebe.« Wieder lässt du die Worte einige Zeit nachwirken.

Den gesamten Ablauf wiederholst du drei Mal. Am Ende, kannst du mit einer Qi Gong-Übung beginnen oder dich einfach im Sitzen weiter entspannen und die Energie wirken lassen. Dazu kannst du die Hände locker auf die Oberschenkel legen.

Zum Schluss machst du die Abschlussübung, um die Energie zu bewahren.

Abschlussübung

Wir sagen uns innerlich, dass wir die Übung nun beenden werden. Dann nehmen wir die Hände nach unten und lenken unsere Aufmerksamkeit leicht auf die Fußsohlen.

Beide Hände übereinander auf den Bauchnabel legen (Männer zuerst die linke Hand, Frauen zuerst die rechte, dann die andere Hand darüber legen). Mit den Händen in einem mittleren Tempo leicht um den Bauchnabel (das untere Dan Tian bzw. Energiezentrum) kreisen – neun Mal im Uhrzeigersinn, danach neun Mal in die entgegengesetzte Richtung.

Anschließend die Hände reiben, bis sie warm sind, dann das Gesicht »waschen«: Die Handflächen fest an die beiden Wangen legen, entlang der Wangen nach oben in die Mitte der Stirn und dann kräftig nach unten bis zum Kinn hinunter streichen. Dann wieder entlang der Wangen nach oben und wieder nach unten (insgesamt 18 Mal).

Wenn die Übung im Schneidersitz oder im Knien durchgeführt wird, werden zum Schluss die Fußsohlen mit der Handkante jeweils einige Zeit (min. 100 Mal) auf und ab gerieben. Männer beginnen mit dem linken Fuß, Frauen mit dem rechten.

Dann die Hände wieder vor der Brust zusammenlegen.

Nun ist die Übung beendet.

(Bei Gewitter bitte nicht üben.)

Wenn Sie mehrere Übungen hintereinander machen, folgt nur nach der letzten Übung einmalig die Abschlussübung.

GLOSSAR

Bi Gu Fu Qi: ist eine in der chinesischen Kultur von altersher als »Nahrung der Unsterblichen« angestrebte Fähigkeit, die zu Langlebigkeit führen soll und sich durch die Qi Gong-Praxis einstellen kann.

Der Verzicht (Bi) auf Getreide (Gu) entlastet den Körper und öffnet ihn für die Aufnahme (Fu) von kosmischer Energie (Qi). Die starke Entgiftung beschleunigt die körperliche und seelische Heilung. Man fühlt sich tatkräftig, braucht wenig Schlaf, kaum oder sehr wenige »irdische« Nahrung und ist voller Lebensfreude.

Bi Gu ist die besondere Fähigkeit, sich direkt von kosmischer Energie zu ernähren. Im Bi Gu-Zustand wird die spirituelle Entwicklung sowie die Entfaltung verborgener Fähigkeiten gefördert.

Tao: Das Gesetz des Universums. Die universelle Ordnung aller Dinge. Alle Lebewesen haben ihre eigene Ordnung, der sie idealerweise folgen sollen. Das größte Tao ist das einfachste, sagt Laotse. Das Abweichen von diesem Weg verursacht Chaos und Unruhe auf der Welt und in der Seele.

Energetischer Körper, Energiekörper: Alle materiellen und immateriellen bzw. sichtbaren und unsichtbaren Körper haben jeweils ein energetisches, unsichtbares Pendant, das wir Energiekörper nennen.

Energie, Energiecharakter, Yang-Qi, Yin-Qi: Energie (Qi) meint die universelle Energie, die alles Sein durchströmt. Alle Lebewesen und Räume bzw. Orte tragen Qi in sich. Energie oder Qi hat jeweils Yin- und Yang-Charakter. Starkes Yang-Qi (warm, hell) bei Menschen kann auf eine starke Abwehrkraft und eine gute Gesundheit hindeuten. Ein Übergewicht von Yin-Qi (kalt, dunkel) dagegen bedeutet schwache Widerstandskraft und damit eine geschwächte Gesundheit.

Die Energie der Lebenden hat Yang-Charakter, während die der Verstorbenen Yin-Charakter hat.

Energieartikel: Energetisierte CDs mit Aufnahmen von Tianying, Tianping oder Letian Shi Fu (Energieübertragungen mittels Himmlischer Sprache), Energiekarten (Energieübertragung mittels Himmlischer Schrift), sowie Anhänger und Aufkleber (Energieübertragung durch das Tian-Gong-Logo).

Feng Shui, energetisches oder Yin-Feng-Shui: Feng Shui ist zum einen die Lehre von dem Verhältnis von Himmel, Erde und Menschen, von der Ordnung und Struktur aller Wesen im Universum. Feng Shui ist zum anderen der Fluss der Energien selbst.

Yang-Feng-Shui: Die Struktur eines Hauses, die Aufteilung der Räume, die Ausstattung mit Möbeln, die Wahl der Farben zum Beispiel ist mit den physischen Augen nachvollziehbar.

Energetisches oder Yin-Feng-Shui: Die menschliche Geschichte hinterlässt ihre Spuren in den Seelen und Körpern, in Gegenständen, Räumen, Orten und in der Natur. So können extrem negative Emotionen in dem Raum verbleiben, oder es gelingt den orientierungslosen Seelen unglücklich oder plötzlich Verstorbener nicht, sich von unserer Welt zu lösen. Aus diesen Gründen werden noch Generationen später das Befinden und das Zusammenleben der Nachkommen gestört.

Fremdenergien, Fremdseelen (siehe seelische Fremdinformationen)

Heimstatt: Ort im Universum, an dem die Seelen der Verstorbenen betreut werden, wo sie Energie bekommen und sich weiterentwickeln können, bevor sie wiedergeboren werden bzw. einen für sie noch besseren Platz in einer höheren Dimension erreichen können .

Himmlisches Auge: Hellsichtigkeit, das Sehen mit dem »Dritten Auge«, das bei fortgeschrittenen Qi Gong-Praktizierenden als übersinnliche Fähigkeit »geöffnet« werden kann. Ereignisse aus der Vergangenheit und der Zukunft können – unabhängig von Raum und Zeit – als Bilder vor dem inneren Auge erscheinen.

Diese Fähigkeit ist eine der wichtigsten Untersuchungsmethoden der Qi Gong-Meister.

Himmlische Sprache: Sie ist die universelle Sprache und die Sprache der Seele. Sie stellt eine der verborgenen Fähigkeiten dar, durch die der Praktizierende in einem Entspannungszustand die »Seele sprechen lassen« kann in Form von spontanen Lauten, Gesang, als Bild, Schrift, Bewegung und Tanz. Dadurch kann die Seele gereinigt und das Unterbewusstsein erleichtert werden. Da die Himmlische Sprache Energieträger ist, können mit ihrer Hilfe

Informationen und Heilungsenergien übermittelt werden. Mit der Himmlischen Sprache können die Menschen sich mit der Natur und dem Kosmos verbinden und ihre zwischenmenschlichen Beziehungen verbessern.

Informationskrankheiten: Unter Informationskrankheiten verstehen wir zum Beispiel Störungen der Gesundheit, des täglichen Lebens, der Beziehungen und der beruflichen Tätigkeit, die von seelischen Informationen verursacht werden. Entweder stammen diese störenden seelischen Informationen aus dem eigenen Karma des betroffenen Menschen und damit aus dem »Lebenslauf« der eigenen Seele, oder sie entstehen aufgrund des Einflusses von seelischen Fremdenergien, die von außen kommen. Oftmals überschneiden und durchdringen sich diese beiden Ursachen.

Karma: das Gesetz von Ursache und Wirkung durch die lange Reihe der Inkarnationen (Verkörperungen) hindurch – eine quasi endlose Verkettung von Ursachen und ihren Folgen. Jede Ursache (Gedanken, Worte, Taten), ob gut oder schlecht, zieht eine Folge nach sich. Gute Ursachen werden mit Gutem, schlechte Ursachen werden mit Schlechtem vergolten.

Alle Ereignisse im Leben, ob sie nun als positiv (wie Wohlstand, Gesundheit) oder negativ (wie Krankheiten, Unfälle) erlebt werden, haben ihre Ursache im Menschen selbst, in seinen Erfahrungen in diesem Leben und allen Vorleben. Durch das Setzen von positiven Ursachen können die Wirkungen von negativen Ursachen gemildert und der karmische Kreislauf verbessert, durchbrochen und aufgelöst werden. Das Schicksal ist veränderbar.

Qi (siehe Energie)

Qi Gong: Auf uralten chinesischen Traditionen basierende Heilmethoden und Übungen zur Heilung von Seele und Körper, zur Erlangung von Langlebigkeit und Unsterblichkeit. Energiearbeit, durch die sich der Mensch wieder mit der universellen Energie des Kosmos verbinden kann. »Qi« bedeutet Energie, »Gong« steht für Übung und Arbeit.

Das spirituelle Ziel ist die Vereinigung von Mensch und Universum.

Qi Gong ist die Wurzel, aus der sich eine Reihe anderer wesentlicher Kulturzweige in China entwickelt haben wie zum Beispiel Taiji Quan, Traditionelle Chinesische Medizin, Kampfkunst (Kung Fu), Philosophie, Ethik und Lebensweise.

Reinkarnation: meint die Wiedergeburt der Seele in den drei irdischen Dimensionen als Mensch, Tier oder Pflanze (»Kleine Reinkarnation«) oder in der vierten oder höheren Dimension (»Große Reinkarnation«). Der Verlauf der Reinkarnationen wird durch das Karma bestimmt.

Seele, Seelenanteil: Nach der chinesischen Lehre besteht die Seele aus mehreren Teilen. Der erste Seelenanteil heißt Ling und hat seinen Sitz im Herzen.

Der zweite Seelenanteil heißt Hun. Dieser sitzt in der Leber und besteht aus drei weiteren Elementen (Yuanshen, Yinshen und Yangshen), von denen jeder unterschiedliche Funktionen hat.

Der dritte Anteil wird als Po bezeichnet und befindet sich in der Lunge. Diese Seelenanteile können durch karmische Belastungen beeinträchtigt werden und sogar verlorengehen.

Die Regulierung und Wiederherstellung der Seele ist ein Arbeitsschwerpunkt von Tian Gong.

Seelische Informationen: Jede Seele (von Mensch, Tier oder Pflanze, von Lebenden und Verstorbenen) besteht aus wellenförmiger Energie oder Schwingungen. Die energetischen Wellen einer Seele beinhalten alle Informationen, die die Seele in vielen Reihen von Vorleben erlebt und angesammelt hat – positive wie negative. Die energetischen Informationen einer Seele können die einer anderen Seele beeinflussen.

Seelische Fremdinformationen, Fremdenergien und Fremdseelen: sind seelische Informationen von verstorbenen Menschen, Tieren und Pflanzen, die nach dem Tod noch keine Heimstatt gefunden haben und daher wandelnde, obdachlose Seelen sind. Da sie den Körper als energetischen Ernährer verloren haben, sind sie auf der Suche nach Energie.

Ist die Energie eines lebenden Menschen aus irgendeinem Grunde schwach, so kann sich eine seelische Fremdinformation an seinen Körper anheften bzw. ihn besetzen. Durch die Yin-Energie der seelischen (Fremd-)Information wird die Energie des lebenden Menschen, die überwiegend Yang-Charakter hat, entzogen und geschwächt (mit oder ohne Absicht).

Häufig sind Emotionen (Liebe und Fürsorge genauso wie Hass und Rache), die beim Tod noch nicht losgelassen werden konnten, der Beweggrund für die Seele eines Verstorbenen, sich als Fremdinformation einem lebenden

Menschen zu nähern oder ihn zu besetzen. Aufgrund dieser energetischen Störung können beim Lebenden seelische und/oder körperliche Beschwerden bzw. Erkrankungen (Informationskrankheiten) auftreten.

Übersinnliche Fähigkeiten, verborgene Fähigkeiten: sind zum Beispiel Hellsichtigkeit (Himmlisches Auge), Hellhörigkeit, Bi Gu Fu Qi (Energienahrung), Himmlische Sprache (»Sprache der Seele«), Telepathie bzw. Gedankenübertragung, Seelenreise (Shen Zu Tong, »Göttliche Füße«) und Himmlische Schutzhülle (Tian Zhao Gong).

Xiu Lian: ist das achtsame Bemühen, ein »besserer Mensch« zu werden sowie Entwicklungsarbeit von Seele und Körper, um das Energiepotenzial des Menschen zu erhöhen. Xiu bedeutet die Seelenarbeit, die von grundlegender Bedeutung für den Erfolg der körperlichen Übungen, Lian, ist. Mit Lian wird der Körper gestärkt und mit ihm wiederum die Seele.

Den Xiu Lian-Weg zu gehen heißt, Schritt für Schritt sein Denken, Sprechen und Verhalten dahingehend zu ändern, dass man das eigene kleine Ich nicht mehr so wichtig nimmt, sondern mehr Mitgefühl, Toleranz und Hilfsbereitschaft für alle Menschen und das Energiefeld der ganzen Erde entwickelt.

Da das Leben der Seele länger währt als eine einzelne Inkarnation, besteht für die Seele immer die Möglichkeit, Xiu Lian zu praktizieren, auch zwischen den Wiedergeburten. Bei einer Regulierung durch Tian Gong für die Seelen Verstorbener werden die Seelen über die Möglichkeit des Aufstiegs durch Xiu Lian belehrt.

Yao Mo Gui Guai: *Was sind Yao?* Das sind Lebewesen, die durch verschiedene Xiu Lian-Methoden bereits etwas über die dritte Dimension hinausgekommen sind. Ihre Energie ist jedoch verunreinigt. Manche Yao stammen von Tieren, die ebenfalls Xiu Lian praktizieren können, allerdings ohne zu wissen, was das Tao ist.

Was sind Mo? Sie sind Lebewesen, die ursprünglich aus höheren Dimensionen kamen und die Aufgabe hatten, uns auf der Erde zu helfen. Ihre Energien sind jedoch stark verunreinigt, sodass aus »gefallenen Engeln« Teufel (Mo) wurden. Sie sind aggressiv und zerstörerisch. Sie kennen das Tao, aber sie missachten es.

Was sind Gui? Sie sind Seelen von verstorbenen Menschen, die nach ihrem Tod zu Gespenstern wurden. Ihre Seele ist göttlichen Ursprungs, aber ihr Körper ist mit Hass gestorben. Diese Seelen haben viele Hass- und Rachegefühle. Sie kamen mit einer Aufgabe, wurden jedoch von Menschen verunreinigt. Sie tun weniger gute Dinge und richten mit ihrer starken Energie viel Schaden an. Wenn sie ihre Aufgaben allerdings erfüllen, können sie wieder als Menschen geboren werden. Auch sie kennen das Tao, handeln aber oft dagegen.

Was sind Guai? Sie sind Lebewesen, die aus der Natur stammen. Ihre Energie ist negativ, sie können den Menschen sehr schaden. Manche von ihnen entstehen infolge der Zerstörung der Natur durch die Menschen.

DANKSAGUNG

Jetzt, da das Buch erscheint, bedanke ich mich in tiefster Demut für die Liebe des Universums und der Kosmischen Hochmeister, für die konsequente Anleitung durch Letian Shi Fu seit vielen Jahren, für die selbstlose Hilfe von Tianping und Tianqi und vieler anderer und nicht zuletzt bei unserem harmonischen und warmherzigen Team der Tian Gong-Praktizierenden in den verschiedensten Ländern.

Seit 2007 liegt dieses Buch nun in deutscher Sprache vor. In den letzten fünf Jahren konnte unsere Arbeit mit den Fremdseelen auf diese Weise vielen Menschen vermittelt werden. Noch immer bin ich allen Tian Gong-Freunden, die damals bei der Übersetzung, Herausgabe, Gestaltung und Produktion mit Rat und Tat geholfen haben, in Dankbarkeit verbunden. In wahrer Teamarbeit haben sie sich nach bestem Wissen und Gewissen bemüht, dem Inhalt und insbesondere dem Geist dieses Buches gerecht zu werden. Mein besonderer Dank gilt hierbei Gertrude Kölbach-Arabu, Gabriele Jähnert, Beate Weywara, Katrin Müller, Barbara Jost, Jiang Li, Rolf Tschernig, Niklas Dornes, Inga Vietzen, Armin Weltersbach, Uwe Lorenz und Sebastian Bauer.

Nun ist es eine besondere Freude für mich, dass dieses Buch jetzt einen Verlag gefunden hat und so einem noch größeren Publikum zugänglich sein wird. Ich danke allen Mitarbeitern vom Allegria-Verlag, insbesondere meiner Lektorin Daniela Graf für die freundliche Zusammenarbeit. Sehr herzlich möchte ich mich für die Überarbeitung dieser Neuauflage bei Marie Lindberg und Tina Dreydorff bedanken. Sie haben viel Herz und Energie in das Buch gesteckt, um es für die deutschsprachigen Leser noch besser verständlich zu machen.

Tianying
Berlin, März 2012

LITERATURVERZEICHNIS

Evans-Wentz, W., *The fairy-faith in Celtic countries*, London, New York, H. Frowde, 1911

Platon, *Sokrates im Gespräch. Vier Dialoge*. Phaidon. Übersetzt von Franz Dirlmeier, Fischer Taschenbuch Verlag GmbH, Frankfurt am Main, 1986

Topper, U., *Reinkarnationsvorstellungen in Europa von der Steinzeit bis heute*, in: Wiesendanger, Harald (1991), *Wiedergeburt, Herausforderung für das westliche Denken*, Frankfurt: Fischer Taschenbuch Verlag

Trutz Hardo, *Wiedergeburt die Beweise*, 9

Die Bibel

Mohr, Till A., K*ehret zurück, ihr Menschenkinder. Grundlegung der christlichen Reinkarnationslehre.* Aquamarin Verlag, 2004

Wambach, H., *Reliving Past Lives*, Bantam paperback books, 1978

Stevenson, Ian, *Children Who Remember Previous Lives. A Quest of Reincarnation.* 2011

Weiss, Brian L., *Die zahlreichen Leben der Seele*, Wilhelm Goldmann Taschenbuch-Neuausgabe, München, 2. Aufl., 2005

Lehnert, Martin, *Partitur des Lebens*, Peter Lang, Europäischer Verlag der Wissenschaften, Bern, 2004

Zé, Heilung in den unsichtbaren Welten, Ein Film von Kamal Musale und Sebastian Elsaesser, VHS mit deutschen Untertiteln, Les Films du Lotus (Suisse) 2001

Laotse, *Tao Te King*

Lehnert, Martin, *Partitur des Lebens*, Peter Lang, Europäischer Verlag der Wissenschaften, Bern, 2004

Chen Bing: *Sheng Yu Si – 生与死 (Leben und Tod)*, Volksverlag der Inneren Mongolei, Hu He Hao Te, 1994

– *Gui Hun Zhi Mi* – 鬼魂之谜 *(Rätsel der Geisterwelt)*, Ling Yang-Kultur Ltd., Taipei, 2005, (Eng.: The Mystery of the Ghosts, O´Mara Foundation)

– *Huan Yu Mi Wen Lu* – 环宇秘闻录 ,*(Universelle Sammlung vom mythischen Sagen und Legenden der Welt und des Kosmos)*, Jiang Men Wen Wu-Verlag, 1998

Ji Xiao Lang, *Ji Xiao Liang jiang de 600 ge gu shi* – 纪宵岚讲的600个故事 (600 Geschichten, erzählt von Ji Xiao Liang), Verlag der Yan Bian-Universität, Yan Ji, 2001

Xu Hua Long, *Zhong Guo Gui Wenhua«* – 中国鬼文化 *(Geister in der chinesischen Kultur)*, Shanghai Literatur- und Kunst-Verlag, Shanghai, 1991

Zhong Guo Gudai Qi Meng Ji Jing – 中国古代奇梦集锦 *(Sammlung mythischer Träume aus dem chinesischen Altertum)*, San Qin-Verlag, 1994

Die bekanntesten und einflussreichsten Bücher der chinesischen Geschichte zu den hier behandelten Themen:

Han-Dynastie (206 v.Chr.-220 n.Chr.)	《神异经》	Shen Yi Ji
Jin-Dynastie (265-420)	《搜神記》	Sou Shen Ji
	《拾遺录》	Shi Yi Lu
Tang-Dynastie (618-896)	《獨異志》	Du Yi Zhi
	《宣室志》	Xuan Shi Zhi
	《古镜记》	Gu Jing Ji
Song-Dynastie (960-1279)	《太平广记》	Tai Ping Guang Ji
	《夷坚志》	Yi Jian Zhi
Ming-Dynastie (1368-1644)	《封神传》	Feng Shen Zhuan
Qing-Dynastie (1644-1911)	《聊斋志异》	Liao Zhai Zhi Yi
	《池北偶谈》	Chi Bei Ou Tan
	《阅微草堂笔记》	Yue Wei Cao Tan Bi Ji
	《子不语》	Zi Bu Yu

ANMERKUNGEN

1 Spiegel 15/2007, Umfrage vom 28./29.03.07 des Institut TNS Forschung

2 Institut für Demoskopie Allensbach, 2001

3 Evans-Wentz, W.: *The fairy-faith in Celtic countries*, London, New York, H. Frowde, 1911

4 Platon: *Sokrates im Gespräch. Vier Dialoge. Phaidon.* Übersetzt von Franz Dirlmeier, Fischer Taschenbuch Verlag GmbH, Frankfurt am Main, 1986, 37. Kap., S. 96

5 Platon, a. a. O., 30. Kap., S.88

6 Topper, U.: *Reinkarnationsvorstellungen in Europa von der Steinzeit bis heute*, in: Wiesendanger, Harald (1991) Wiedergeburt, Herausforderung für das westliche Denken, Frankfurt: Fischer Taschenbuch Verlag

7 Trutz Hardo, *Wiedergeburt die Beweise*, 9

8 Wambach, H.: *Reliving Past Lives,* Bantam paperback books, 1978

9 Stevenson, Ian: *Children Who Remember Previous Lives. A Quest of Reincarnation.* 2001

10 Weiss, Brian L.: *Die zahlreichen Leben der Seele*, Wilhelm Goldmann Taschenbuch-Neuausgabe, München, 2. Aufl., 2005

11 Lehnert, Martin: *Die vier Instruktionen des Liaofan*, in: *Partitur des Lebens*, Peter Lang. Europäischer Verlag der Wissenschaften, Bern, 2004, S. 51–122

12 *Zé, Heilung in den unsichtbaren Welten.* Ein Film von Kamal Musale und Sebastian Elsaesser. VHS mit deutschen Untertiteln, *Les Films du Lotus* (Suisse) 2001

13 Siehe Kapitel »Der Xiu Lian Weg« Seite 164

14 Wickland, Carl: *Dreissig Jahre unter den Toten*, Otto Reichl Verlag, St. Goar, 8. Aufl., 1988, S. 129. Die 13. Auflage der deutschen Ausgabe erschien 2004

15 Global Forest Resources Assessment 2005. FAO Forestry Paper 147, ISBN 92-5-105481-9. S. 19

16 Statistisches Bundesamt, Pressemitteilung vom 18. März 2005, www.destatis.de

ADRESSEN UND LINKS

Tian Gong-Institut
Bundesallee 13–14
10719 Berlin

Tel: 0049-30-25799795
Fax: 0049-30-25799794
Email: info@tiangong.de
Web: www.tiangong-qigong.de

ÜBUNGSSYSTEMATIK

Das Tian Gong-Übungssystem

Einführungsebene:
Himmlische Pagode, Übung zum Öffnen des Herzens, Kreuzübung

A-System – Übungen für den Körper:
A1.1 – Bronzeglockenübung
A1.2 – Himmlische Schwalbe
A1.3 – Organ-Übungen

B-System – Übungen für die Seele:
B1.1 – Himmlische Sprache
B1.2 – Heilung der Seele
B2.2 – Bi Gu
B2.3 – Himmlische Schutzhülle
B2.4 – Energieatmung
B3.1 – Regulierung von Fremdseelen

C-System – der taoistische Lichtkörperprozess für das höchste Ziel, das Wieder-Eins-Werden von Mensch und Universum:
C1.1 – Empfang der Himmlischen Lichtnieren
(Alle weiteren C-Kurse sind Retreat-Seminare für Fortgeschrittene, die auf diesem Kurs aufbauen.)